책 읽기를 통한 치유

책 읽기를 통한 치유

-

이영애 지음

홍성사

들어가는 말

들어가는 말

    30여 년 전, 처음으로 독서 모임을 시작할 때는 책 읽는 일을 학구적인 관심이 있는 사람들의 특정 분야처럼 생각하는 이들이 많았다. 그래서 큰 기대보다는 '일 년 정도만 유지되어도 좋겠다'라는 마음으로 독서 모임을 시작했다. 한 달에 한 번 모이는 모임이지만 많은 정성을 쏟아 준비하였다. 책을 읽는 것은 물론 참석자들에게 동기를 부여하기 위해 모임 전부터 독서 모임의 중요성을 힘주어 강조하였다. 초반에 모인 회원은 나와 개인적으로 친분이 있는 사람들이 대부분이었다. 평소에 즐겨 듣는 설교테이프가 있으면 다른 사람들과 함께 듣곤 했는데, 이번에는 설교 대신 책을 좀 읽어 보는 게 어떻겠냐는 내 제안에 이들이 흔쾌히 찬성해 준 것이다. 무엇보다도 독서 모임을 할 수 있도록 장소를 제공해 준 원동연 박사 내외의 배려는 두고두고 감사할 일이다.

    일단 장소를 구하고 좋은 책이 손에 쥐여지자 평소에 잘

알던 몇몇 사람에게 이야기를 꺼내기가 훨씬 수월해졌다. "좋은 프로그램이 있으니까 한번 와 보세요! 우리 속사람이 성숙해질 수 있는 좋은 기회가 될 거예요"라며 모임을 알리고 다닌 결과, 스무 명 정도 되는 주부가 모이게 되었다. 그렇게 해서 1991년 3월, 첫 모임을 열었다. 발족멤버들의 헌신과 회원들의 열정으로 모임이 지속될 수 있었다. 많은 주부들이 신성회(新成會)를 거쳐 가셨다. 다 나누고 싶은 절절한 사연들이 참 많았다. 정말이지 '30년 세월이 흘러갔다는 것보다 사람들이 변화되고 성숙해질 수 있었다는 것이 더 중요하다'는 말이 되새겨진다.

주님의 격려로 시작된 모임이지만, 언제까지 지속될지는 아무도 모른다. 그저 우리 회원 모두 자신을 사랑하며 돌아보는 마음으로 가정의 회복을 위해 꾸준히 모임에 참석할 뿐이다. 신성회는 지식 정보보다는 인간을 더 깊이 이해하기 위한 인격 성숙과 치유에 초점을 맞춘 독서 모임이었다. 상한 갈대와 같은 심령들이 모여 꺼져 가는 등불을 되살려 내는 심정으로 모였다. 결국 삼겹줄에는 인내가 있었고, 사랑이 있었고, 소망이 있었다. 그리고 하나님의 임재를 느끼며 자유와 평안을 누리는 모임이 될 수 있었다.

신성회는 14년 동안 체험형 독서 모임을 통해서 수많은 독서 모임 인도자를 자체 양성하여 체계적으로 독서 치유 과정을 진행하여 왔다. 드디어 2019년도에는 (사단법인) 신성회독서상담교육원으로 등록을 마칠 수 있었다. 이렇게 되기까지 이 《책 읽기를 통한 치유》는 2000년도 초판 후 23쇄가 발행되었고, 2012년 개정판 6쇄를, 이제는 개정증보판으로 여러 독자님들께 새로운 신성회의 변천 과정을 전할 수 있게 되었다. 애독자 분들의 많은 사랑에 더없이 감사한 마음 가득하다.

개정증보판에서는 이 책을 효과적으로 활용하시도록 독서 모임 워크북 10권을 첨부하였다. 한 달에 한 번씩 책의 요약본을 공유하여 적용 질문을 대화 나눔에 활용하실 것을 권한다. 독서 치유 사례에 나오는 도서명은 시간이 지나 절판이 많이 되어 있으므로 상담에 활용할 추천 도서 및 참고 문헌을 활용할 수 있다.

인생의 가을을 지나는 지금, 우리 부부는 지난날의 결혼생활을 되돌아보며 깊은 감사와 보람을 느낀다. 미성숙한 우리의 인격이 성숙해지는 데 책이 얼마나 큰 도움을 주었는지 모른다. 갓 결혼했을 무렵인 70년대에는 가정생활에 도움을 주는 책이 많지 않았다. 80년대에 들어와서야 가정을 건강하게 가꾸어 주는 좋은 책이 쏟아져 나왔다. 단 한 권일지라도 책은 우리의 세계관과 가치관을 크게 바꿀 수 있다. 책은 누구에게도 상처를 주지 않고 자신을 돌아보게 하는 거울이자 교사이기 때문이다. 마음을 열고 기대하는 마음으로 책을 펼쳐 보라. 그리고 독서 모임을 통해 인격감각을 기르고 저자들과 함께 대화해 보라. 인생을 성공적으로 살아갈 수 있는 지혜와 통찰을 얻을 수 있을 것이다.

이렇게 위기가 많은 현시점에 회복탄력성을 키울 수 있고 감성지수를 늘릴 수 있는 대안책이 있다. 사랑하는 가족에게 좀 더 풍성한 삶을 영유할 수 있도록 돕는 책을 선물해 보면 어떨까? 책 읽기를 통해 내면세계로 여행을 떠나 볼 것을 권한다. 진정한 정신건강은 참된 나를 잘 인식하고 수용하며 적절히 표현할 수 있을 때 회복될 수 있다. 이 글을 읽는 당신이 바로 그 주인공이 되었으면 한다. 2년 후 자신이 어떤 모습일지는 "그동안 어떤 사람을 만나며 어떤 책을 접했는가"에 따라 달라질 수 있기 때문이다. 책은 하나님이 사람을 변화시킬 때 사용하시는 도구 중에 하나라는 것을 분명히 말씀드리고 싶다.

2022년 5월

이 영 애

차례

2부 독서 모임 운영

3부 체험형 독서 모임 워크북

1부 책과 치유

1부 책과 치유

1. 독서 모임을 발족시킨 사연

몇 년 전 병원에서 날아온 감동적인 편지 한 통을 받았다. 신성회란 이름으로 독서 모임을 발족하도록 동기를 부여한 신성희가 보내 온 소식이었다. 조카가 조현병이 발병하고 몇 년의 세월이 흘러갔다. 지금은 재활의 길을 인도하시는 하나님의 사랑을 경험하고 치유와 회복의 길을 걷고 있는 조카가 보내 온 편지에는 감사가 가득했다. 한 달에 한두 번씩 밝은 음성으로 통화도 하고 있다.

-

영애이모 부부께

영애이모, 오늘은 이모 부부에 대해 갑자기 이런 마음이 들었어요. 나와 함께 살아 주시고, 또 내가 받은 상처에 대해 그 수많은 불평불만을 계속해서 털어 놓고 얘기했을

때 지겨우셨을 텐데도 아무 소리 안 하시고 끝까지
들어주신 것…… 너무 고마웠어요.

이모, 무엇보다도 이모가 쓴 여러 가지 책을 보고 특히
《애견이 가르쳐 준 사랑 이야기》를 읽으며 이모가 얼마나
하나님을 사랑하고 계신가를 강하게 느꼈어요.

이모, 이모부 좋아해요. 그리고 저를 그동안 사랑해 주신
것 너무 감사해요.

이모, 저도 제 지금 형편에선 마음으로밖에 고마운
마음을 전할 수가 없군요. 육신적인 친척, 부모라는 것을
떠나 영적인 축복을 받은 이모 부부가 얼마나 좋은지요.
지금 내 마음에 무어라 표현할 수 없는 기쁨이 와요.
이모, 우리 앞으로 주님 앞에 가는 그날까지 서로서로를
위로하고 격려하고 사랑하며 살아요. 제가 팔을 약간
다쳐서 오늘은 이만 펜을 놓겠어요. 겨울이 시작되었는데
감기 조심하시고 몸 건강히 안녕히 계셔요.

-신성희 드림. 어느 가을날-

짧은 사연의 글이지만, 감격에 눈물이 앞을 가렸다. 발병 초기에 성희가 (〇〇 기도원에서 1년 간 지내며 병이 더 심해진 상태에서) 병원으로 옮길 때 봉고차에서 울려 퍼졌던 찬송가 가사가 생각났다. 그때는 어두움 속에서 눈물만 흘리고 있었다. 그러나 우리 가족에게 지금 어두움은 가고 새벽이 온 것이다. '고통 없는 영광은 없다'라는 말도 생각이 난다.

주님은 아네 너의 고통을, 견딜 수 없는 괴로움을……
너의 모든 걸 주께 맡기고, 새벽이 오길 기다리라
새벽이 오면 어둠은 가고, 찬란한 햇살 눈부시리……
새벽이 오면 절망은 가고, 위대한 평화 임하시리

"모든 것이 합력하여 선을 이룬다"더니 과연 하나님은 인고의 세월 끝에 좋은 소식을 들려주셨다. 성희 일을 생각하면 "상한 갈대를 꺾지 않으시는 하나님의 은혜가 신실하게 우리와 함께하셨다"고 간증할 수밖에 없다. 한 영혼을 천하보다 귀하게 여기시는 주님의 사랑이 열매를 맺은 것이다. 주위 가족들의 끊임없는 사랑과 기도에 힘입어 성희는 잘 살아가게 되었다.

원망과 상처가 휩쓸던 마음에 감사와 사랑이 넘쳐나는

것이 회복이 아니고 무엇이겠는가! 우리 가정에 닥쳤던 환란을 통해 연단하시고 위로하셨던 주님의 격려로 오늘날 신성희의 마음은 성령의 열매가 열리게 되었다. 완쾌가 아닌 회복하는 병인지라 성희는 잘 회복이 되었다.

　"주님을 사랑하라"는 말씀과 "네 이웃을 네 몸과 같이 사랑하라"는 지상명령을 품고 사랑을 어떻게 실천해야 할지 깊이 고민하고 있을 때, 주님은 책을 통해 새로운 소명을 강하게 일깨워 주셨다. 이 땅에 정신병이 발병하는 일을 막는 길은 '사랑'을 보급하는 일이라 생각했다. 당시 스캇 펙의 《아직도 가야 할 길》을 읽고 '사랑'을 새롭게 정의할 수 있었다. 스캇 펙은 사랑이란 "자기 자신과 타인의 정신적인 성숙을 보양해 줄 목적으로 나 자신을 확대해 나가려는 의도"라고 정의했다.

　이 글을 읽고 가정의 정신적인 후원자인 주부들에게 이 사랑을 알리고 싶다는 열망을 품게 되었다. 위기와 어려움을 견뎌 내야 할 때 가장 중요한 일은 그 어려움 속에서도 믿음을 잃지 않고 홀로 설 수 있게 회복탄력성을 유지하는 일이라 생각했다. 속사람이 병드는 것이야말로 가장 가슴 아프고 치유하기 힘든 일일 테니까 말이다. 그래서 정신적인 건강을 보양해 주는 일이 이웃에게 실천할 수 있는 가장 좋은 사랑이라고 느꼈다. 아무리 천하를 얻었다 해도, 집안에 정신적으로 건강하지 못한 사람이 단 한 명이라도 있다면 온 가족이 늪에 빠져 허우적댈 수 있다. 바로 그런 상황을 예방하는 길을 모색하게 된 것이다. 그리고 이러한 작은 소망에서 신성회를 발족하게 되었다.

이곳에서 도움을 주고받은 아름다운 이야기가 바로 이 책에 담겼다. 이 책에는 책 읽기를 통해 회복되고 치유된 가정에 관한 이야기가 실려 있다. 좀 심각한 상황의 사례들이었다. 사소한 사례들은 얼마든지 살아가면서 들을 수 있는 예라서 여기에선 다루지 않았다.

한 가지 분명히 덧붙이고 싶은 이야기가 있다. 그것은 신성회 사역은 이제 30년을 넘어서고 있지만, 그 태동은 그보다 앞선 81년도부터 시작되었다고 말할 수 있다. 30여 년 전 조카가 정신병이 발병할 즈음에 가장 위기를 경험한 사람은 바로 그 조카의 어머니인 나의 사랑하는 언니였다. 언니의 마음은 무너져 내려앉았고, 가슴이 멍들어 갔고, 초토화된 건물처럼 초라하기 그지없었다. 동생인 나까지도 "언니가 애를 잘못 키워서 저렇게 되었어!"라며 정죄를 했으니 얼마나 마음이 참담했을까 말이다. 결국 그때 이동원 목사님의 〈아골 골짜기〉란 설교 테이프를 통해 들려오는 성령님의 음성으로 그동안의 나의 교만과 죄를 회개하고 주님을 만날 수 있었다. 그런 일이 있은 후에야 나는 겸손하게 이웃을 긍휼한 마음으로 대하며 사랑을 실천할 수 있는 인격이 되었다. 나의 죄인 됨을 회개하고 예수님 앞에 믿음을 갖게 되었다.

그때부터 나는 언니에게 좋은 설교 테이프와 책을 꾸준히 공급하기 시작했다. 좋은 시(詩)도 복사해서 계속 전달하면서 독서 치료가 시작된 것이다. 지금도 언니는 거듭거듭 이야기한다. "옥한흠 목사님의 《고통에는 뜻이 있다》는 나를 살린 책으로 마르고 닳도록 수없이 읽었어. 너는 그때부터 나에게 독서 치료를 시도한 것이고, 모든 어려움을 극복할 수 있도록 도움을 준 거야! 설교 테이프도 결국은 성경책을 말로 풀어서 알려 주는 독서 치료의 한 방법이잖아! 네가 전달해 준 책과 여러 목사님들의 설교 테이프가 나를 살려 낸 것이야!"라고……. 이렇게 신성회 사역은 태동했고 발족되었고 사역이 되었고 열매를 맺어 가고 있는 것이다.

신성회는 "가족의 정신건강을 돌아보는 모임"으로서 주로 가정생활과 부부관계, 자녀교육에 관한 책을 읽는다. 그리고 그 책을 통해 인간을 폭넓게 이해하고 영성훈련을 도모하며 친밀한 대화를 나누는 독서 상담모임이다. 여럿이 모여 책을 읽으면 여러 좋은 점을 함께 누릴 수 있다. 혼자서 책을 읽을 때는 10퍼센트밖에 기억하지 못한다는 말이 있다. 이해되지 않는 부분이 나와도 그냥 넘어갈 수밖에 없다. 하지만 함께 책을 읽으며 나누게 되면 40퍼센트를 기억하게 되고, 대화를 하면서 알 수 없는 힘을 느낄 수 있게 된다. 이 힘은 주님의 임재하심을 경험케 하고, 따스한 인간의 정(情)과 나 자신이 용납되고 있다는 편안함을 느끼게 해 준다.

조카가 병원에서 치료받는 동안, 사무실을 세 곳이나 옮겨 다녔던 신성회도 한곳에 터를 잡고 잘 성장해 왔다. 전국에 30지역 그룹의 신성회 독서 모임이 꾸준히 운영되고 있고, 작년부터 신성회교육원의 독서 상담 워크북으로 발족된 독서 모임도 국내외로 계속 확장되고 있다. 현재는 사단법인으로 발족되어 민간자격증을 수여할 수 있게 되어 남녀 평신도와 목사 선교사님들도 훈련에 참여하시면서 자격증을 받으신 후 사역을 확장하고 계신다. 교육원 주체로 독서 상담 워크북세미나를 연 3회 운영하고 있다.

이 모든 일은 이웃의 정신건강을 돌아보고픈 마음을 품고 자원하여 도와준 신성회 사역자들의 헌신으로 가능했다. 신성회 사역자들은 모두 예수님의 성품을 닮아가고자 노력하고 있는 분들이다. 따라서 하나님께서 우리 신성회 사역을 인도하시고, 축복해 주셨음을 감사하는 마음 가득하다.

"또 형제들아 너희를 권면하노니 게으른 자들을
권계하며 마음이 약한 자들을 격려하고 힘이 없는 자들을
붙들어 주며 모든 사람에게 오래 참으라"

신성회 발족 시에 주신 말씀, 살전 5:14

2. 책으로 치유한다

책은 정신적 문제로 고통받는 이들의 치유와 예방을 돕는 여러 가지 방편들 중에 하나이다. 책을 통해 정신적 문제의 치료를 시도하는 것을 '독서요법'(Bibliotherapy)이라고 하는데, 심리요법 중에는 독서요법 외에도 음악요법이나 놀이요법 등 다양한 접근법이 있다. 나 자신도 내적 치유 세미나에 참석하면서 독서요법으로 해결할 수 없는 한계를 경험했다. 인간의 치유를 위해선 다양한 도구와 방법과 접근이 다양함을 인식했다.

어떤 정신질환이든 복합적인 발병의 원인이 있는 법이다. 따라서 치유도 어떤 한 가지 방법으로만 이루어질 수 있는 것이 아니라, 환경, 본인의 의지, 저항력, 체질과 기질, 경제력 등에 따라 적합한 방법을 선택해야 한다. 그리고 어떤 방법을 쓰든지 간에 그 과정 중에 하나님의 섭리와 도우심이 없으면 치유는 일어날 수 없다. 이런 점을 염두에 둔다면, 한 가지 방법이 마치 절대적인 것인 양 배타적인 태도를 갖거나 마치 약을 먹듯이 책을 읽고 왜 같은 결과가 나오지 않는지 의아해하는 시행착오를 피할 수 있다. 뿐만 아니라 책을 선택하는 일부터 시작해 읽고 적용하며 다른 사람들과 나누는 모든 과정에서 겸손히 하나님의 도우심을 구하게 될 것이다.

이 장에서는 책이 정신적인 문제로 고통받는 각 사람의 구체적인 상황에 어떻게 도움이 되었는지에 관해 사례별로 소개하고자 한다. 이 사례들은 신성회 모임에 참석했던 분들이 직접 경험한 것들로, 필자들은 모두 여성이다. 각기 밝히기 힘든 일들이 많음에도 불구하고 비슷한 문제로 고심하는 분들에게 실제적인 도움이 되도록 가능한 한 구체적으로 써 주신 것에 감사드린다. 이름은 밝히지 않았다.

사례 1 남편이 정신질환을 가진 경우

>

오늘 전라남도 진도의 돈보스코라는 작은 공동체의 자매로부터 편지를 받았다. 별로 해준 것도 없는데 나를 알게 된 것이 큰 영광이라 했다. 나의 여유 있는 마음이 포근하게 느껴져서 큰 위로와 힘이 된다는 그 자매의 말은 오히려 내게 위로와 힘이 되었다.

'조현병에 관한 한 적어도 실제 경험의 면에서는 전문가의 수준을 넘는 것 같다'는 구절을 읽다 보니 문득 고통스러웠던 지난날이 떠올랐다.

나의 남편은 정신질환자였다. 계속 요양소와 병원을 드나드는 바람에 내가 작은 슈퍼마켓을 운영하면서 살림을 꾸려 나갔지만, 그런 대로 궁핍하지는 않게 살 수 있었다. 그러나 문제는 이웃들의 편견이었고, 그보다 더 괴로운 것은 가족들의 편견이었다. 결혼 10년째 되던 해 작은동서의 가정이 경제 파탄의 위기에 몰렸는데, 그때 시댁에서는 큰아들(나의 남편)의 재산을 다 그 집에 주어서 위기를 모면케 하자는 결정을 내렸다. 어차피 병든 자식은 돈이 있어도 자기 마음대로 쓸 수 없으니 제대로 살 수 있는 작은아들이나 살리게, 큰아들은 요양소로, 며느리는 친정으로, 아이들은 고아원으로 보내자는 것이었다. 다른 이들이 이렇게 간단하게 정리할 수 있다고 생각하는 가정이 바로 우리 가정이었다.

그러나 나는 가족들의 냉대와 협박에도 불구하고 이 제의를 완강하게 거부했다. 남도 아니고 피붙이라는 사람들이 우리를 버리다니, 나는 도저히 용서할 수가 없었다. 그 고통스러운 때에 국민일보에서 신성회 기사를 보았다. 나는 단걸음에 달려갔다. 처음 읽은 책은 폴 투르니에의 《삶에는 뜻이 있다》와 휴 미실다인의 《몸에 밴 어린 시절》이었다. 이 책들은 병이 어느 날 갑자기 생기는 것이 아니라, 긴 시간에 걸친 심리적인 스트레스와 갈등으로 인해서 생긴다고 말하고 있었다. 또 사람을 사랑하려면 무엇보다 관심과 이해하는 마음이 있어야 한다고 했다.

나는 처음으로 남편에게 관심을 갖기 시작했다. 사실 결혼할 때부터 그에게 정신적인 문제가 있다는 것은 알고 있었지만 적극적으로 대화를 나누어 볼 생각은 하지 않았다. "고마워요", "미안해요", "정말 멋있네요", "괜찮아요"라는 말을 자꾸 하려고 애썼고, 남편이 정신질환자라고 남들한테 무시당하지 않도록 나부터 의도적으로 남편을 격려했다. 그리고 남편뿐 아니라 가게에 들르는 손님이나 행인들에게도 따뜻한 차 한 잔이라도 대접하고 친절하게 대했으며 필요한 이웃에게는 내가 읽은 책들을 권하곤 했다.

또 내가 일단 남편을 받아들이기 시작하니 딸에게도 아빠를 받아들이도록 가르칠 수 있었다. 나는 "아빠는 아픈 사람이지 나쁜 사람이 아니야. 너 엄마한테 똑똑하다고 그랬지? 그러면 똑똑한 엄마가 선택한 아빠도 괜찮은 사람 아니겠니?"라고 자주 이야기했다. 그래서일까. 아빠가 아픈데도 딸은 아빠를 좋아했다.

남편은 환청과 환시 증상이 있었고 때로는 나를 때리며 아우성을 치기도 했다. 그래도 자꾸만 이해하려고 애를 썼고, 매달 새로운 책을 읽으면서 깨달은 점들을 적용하려고 노력했다. 나는 남편에게 내가 읽은 책 내용을 이야기해 주었다. 처음에는 "나도 안다"면서 본인이 직접 읽을 테니 내버려 두라고 하더니, 계속해서 3-4년을 꾸준히 이야기해 주니 조금씩 귀를 기울이기 시작했고 내가 줄쳐 놓은 부분들을 읽게 되었다. 그러더니 나중에는 옥한흠 목사님의 《고통에는 뜻이 있다》를 본인이 읽고, 다른 사람들에게 선물까지 하는 것이었다. 그 과정에서 남편은 몸무게도 10킬로그램이나 늘었고 가게 일도 봐 줄 정도로 호전되었다.

상담 일기

>

'주부의 힘을 빌려 가족의 정신 건강을 돌보자'는 신성회 본래의 취지가 잘 실현된 사례이다. 나는 이 주부에게 정신 건강에 대한 정보가 담겨 있는 책들을 선별해서 보내 주었다.

본인이 밝혔듯이 《고통에는 뜻이 있다》나 《몸에 밴 어린 시절》은 자신이 처해 있는 상황을 진단하는 데 도움이 되었다. 그 후에도 《정신분열증 어떻게 다룰 것인가?》, 《환자와의 대화》, 《마음을 앓는 사람들》, 《슬픈 노래를 부르지 마세요》, 《정신분열증을 이겨낸 사람들》, 《나누고 싶은 이야기》 등 정신과 의사들이 쓴 책들을 꾸준히 보냈고, 가끔 전화 통화를 해서 그 책 내용대로 남편을 돌보도록 격려했다. 이 주부는 별도의 상담이 필요치 않을 정도로 매번 읽는 책들을 고지식하리만큼 전적으로 적용했고, 좋은 결과를 얻었다. 특히 본인이 책을 정독해 읽은 후에는 남편에게 그 책 내용을 요약해서 말해 주면서 서서히 남편을 교육하고 상담하는 한편 사랑으로 돌보았다. 그렇게 하는 가운데 이분의 남편은 병원에 입원하지 않고 정기적으로 투약만 하면 될 정도로 회복될 수 있었다. 지금은 남편이 고인이 되셨고 외동딸이 좋은 사위랑 결혼해서 사는데 주말 부부라서 따님과 함께 살게 되었다. 손주를 돌보며 딸과 주로 쇼핑도 하며 툭하면 외식하고 살다 보니 자기가 이렇게 평안히 살게 되어 너무 감사하다며 상담을 해준 나에게 알리고 싶었다고 놀러 오셨다. 참 다행스러웠다.

사례 2-1   자녀가 정신질환을 가진 경우

>

나는 이 책 앞부분에 소개된 신성희의 엄마이다. 성희가 처음 이상을 보이기 시작한 것은 고등학교 2학년 때였다. 아이는 툭하면 학교를 빠지고 들판에 쑥을 뜨러 갔다. 집 안에서도 자꾸만 누가 자기를 쳐다본다고 했고, 신경도 예민해져서 울면서 무섭게 덤빌 때가 많았다. 한번은 무슨 말 끝에 흥분을 하더니 칼을 들고 덤비는 바람에 목욕탕으로 피신하기도 했다. 고대 부속병원 정신과를 찾았더니 정신분열증이라는 병명이 나왔다. 도대체 내 딸이 왜 이런 병에 걸렸는지 이해할 수 없었다. 나는 의처증에 피해망상증, 과대망상증이 있었던 전남편 때문에 자살을 꿈꿀 정도로 괴로운 삶을 살아왔다.

그러다가 하나님을 만나서 비로소 새로운 삶을 시작했고, 새 사람을 만나 재혼도 했다. 그런데 이제 딸이 이런 몹쓸 병에 걸리고 만 것이다. 병원에서는 친아버지가 가지고 있었던 증상의 여파인 것 같다고 했다. 우리는 입원비 부담 때문에 성희를 한 달 후에 퇴원시켰고, 남편과 함께 미국으로 유학을 가게 되어 동생 집에 맡기게 되었다. 그 후에 동생이 이미 말한 것과 같은 일들이 일어났다. 나는 6개월 만에 귀국해서 아이의 뒷바라지에 집중하기 시작했다. 입원비가 워낙 비쌌기 때문에 기도원 계통의 수용소를 전전했다. 나의 처지도, 딸의 처지도 한없이 한스럽게 느껴졌다. 그때도 동생이 여러 책들을 권했지만 읽을 마음도 들지 않았고 읽어도 내용이 머리에 들어오지 않았다.

그러던 어느 날, 딸아이를 면회하러 가서 싸 간 음식을 먹이고 있는데, 역시 자기 자식을 면회하러 온 어느 부부가 "거 참, 잘도 먹네. 우리 아이도 자기 손으로 밥 한 번 먹어 봤으면 소원이 없겠는데……" 하는 것이었다. 잠시 후에 그 집 아이가 나오는 걸 보니 정신박약에 전신마비가 겹친 이중 장애아였다. 아이한테 밥을 먹이는 데 한 시간도 더 걸리는 그 모습을 보고 있자니 눈물이 솟구쳤다. 그동안 불평하고 원망한 것이 부끄러웠다. 그 부모에 비하면 내 짐은 덜 무거운 것이 아닌가. 무심히 보아 넘겼던 성경 구절이 떠올랐다. "항상 기뻐하라. 쉬지 말고 기도하라. 범사에 감사하라. 이는 그리스도 예수 안에서 너희를 향하신 하나님의 뜻이니라."

원망의 마음을 감사의 마음으로 바꾸고 나자 비로소 책의 내용이 머리에 들어오기 시작했다. 《고통에는 뜻이 있다》를 읽으면서 고통은 하나님이 주신 위장된 축복임을 알게 되었다. 아이의 상태는 여전히 나아지지 않았지만, 하나님의 섭리가 있다고 생각하니 믿음으로 대처할 수 있었다.

나는 성경을 열심히 읽기 시작했다. 내 딸이기 이전에 하나님의 자녀라는 말씀이 특히 위로가 되었다. 또 정신분열증에 관한 책들을 읽으면서 이 병은 완쾌되는 병이라기보다는 당뇨병이나 고혈압처럼 죽을 때까지 약으로 조절해 주어야 하는 병이라는 사실을 알게 되었고, 특히 환청이나 환각 작용은 약으로 통제할 수 있다는 사실도 알게 되었다. 그것도 모르고 기도원에 맡긴 채 방치하고 있었던 시간이 후회스러웠다.

또 정신분열증이 뇌에 이상이 생기는 병이라는 것을 알기 전까지는, 엄마인 내가 딸에게 상처 주는 말을 해서 발작을 일으켰다는 식의 말들 때문에 나 자신이 깊은 상처를 받아야 했다. 딸이 정신에 이상이 생긴 것도 충격인데 그 원인이 나의 양육 태도 때문이라는 비난까지 들을 때에는 정말 가슴이 미어지는 것만 같았다. 그러나 관련 도서들을 읽으면서 무거운 죄책감의 짐을 벗어 버릴 수 있었고, 자신 있는 태도로 딸을 대할 수 있었다. 나는 딸이 잘못된 행동을 보일 때 일일이 야단치고 반응하는 대신, 그 일은 하나님께 맡기고 내가 해야 할 일을 찾아서 열심히 살았다. 병원비를 벌고, 음식을 만들어 틈틈이 병문안을 갔으며, 아이가 알아주든 못 알아주든 엄마로서 책임과 의무라고 생각하는 일들을 정신 차리고 착실히 해 나갔다.

동생이 앞에서 말했듯이 치유의 시간은 길고 길었다. 그러나 그 긴 시간을 통과한 지금, 딸은 "내가 속 썩일 때 엄마는 어떻게 그렇게 믿음으로 잘 대처하셨어요?" 하고 감탄하며 나를 칭찬해 준다.

상담 일기

>

누구나 그렇듯이 자녀가 정신 이상 증세를 보일 때 선뜻 정신병원을 찾기는 쉽지 않다. 그런 의미에서 성희 어머니가 비록 나중에는 경제적 부담 때문에 기도원이나 수용소에 보내야 했지만, 처음에 병원을 찾았다는 것은 용기 있는 일이다. 성희 어머니의 경우는 다른 책보다 성경과 설교테이프가 중요한 역할을 했다. 나는 본인의 정신 건강을 위해 《고통에는 뜻이 있다》, 《아직도 가야 할 길》 등을 권했으며, 딸의 병에 대한 바른 인식을 위해 《소외되지 않는 삶을 위하여》(임기영), 《정신분열증에 대해 나누고 싶은 이야기》(김진) 등의 책을 권했다. 후자의 책들은 정신질환자의 증상과 입원치료의 중요성에 대해 정보를 상세히 알리는 계기가 되었다. 환자가 나의 조카이고 환자의 어머니가 나의 언니여서 병원에 면회 갈 때 함께 동행해 주고, 함께 아픔을 나누고, 위기상황에 의논 대상이 되어 줄 수 있었던 것이 좋은 상담의 기회가 되었다. 지금도 딸은 회복을 잘하고 있으며 본인 원대로 병원에서 아르바이트를 하며 잘 살아가고 있다.

사례 2-2 자녀가 정신질환을 가진 경우

>

'기러기집' 교실 문을 여는 순간 왁자지껄한 소리에 이어
한바탕 웃음보 터지는 소리가 울려 퍼졌다. 그 속에 분명
히 내 아들의 웃음소리가 있었다. 얼마 만에 듣는 웃음소
리인가. 기쁘다. 기뻐서 가슴이 뛴다.

정신병이 무엇인지도 모르는 상태에서 나는 고등학교
1학년짜리 아들을 끌고 교회로, 기도원으로, 한약방으로,
병원으로 돌아다녔다. 남편의 폭언과 구타 속에서 '두고
봐라, 내가 이 아들 하나만큼은 잘 키워서 보란 듯이 내세
우리라' 하는 간절한 기대로 키워 온 아들이었다.

어찌어찌해서 수업일수만 간신히 채워 고등학교를 졸업
시키고 나자 이번에는 대학에 보내고 싶은 욕심이 생겼
다. 그래서 한 신학대학에 간신히 입학시켰는데, 두 달이
지나고부터 밤에 잠을 이루지 못하고 "너는 내 백성이다.
너는 죽어야 해. 살 가치가 없어"라는 소리가 들린다고 호
소했다. 또 자려고 할 때마다 시커먼 악마가 불쑥 나타나
목을 조른다고도 했다.

나는 아들을 위로할 양으로 "나도 들려. 이상한 게 아니
야"라고 말하곤 했다. 이때도 나는 이것이 정신병의 증상
이라고는 전혀 생각지 못했다. 아니, 사실은 인정하고 싶
지 않았을 것이다. 어떻게 해서든지 대학만은 졸업시켜야
한다는 욕심을 나는 포기할 수가 없었다. 그 욕심이 아들
을 점점 더 깊은 병으로 빠뜨리는 줄도 모르고…….

아들의 병명이 '정신분열증'이라는 것을 알게 된 것은, 몸
이 약하니 군대에 보내지 말라는 시아버님의 말씀을 듣고
서울대학병원을 찾았을 때였다. 두 달 가까이 입원생활
을 하고 난 아들은 집에서 잠만 잤다. 약물 부작용으로 얼
굴은 잿빛으로 물들었고 입술은 자줏빛이 되었다. 아들은
시간만 나면 입에 담배를 물었다.

나는 성당에 가서 십자가를 바라보며 아들의 병을 고쳐
달라고 울기도 했고, 사주를 잘 본다는 동양철학관을 찾
아가기도 했다. 폭군이었던 남편은 아들의 병을 계기로
온순해졌으나, 그 대신에 우리 부부는 깊은 우울의 늪에
빠져들었다. 웃음소리도 이야기 소리도 일체 들리지 않는
집안, 하는 일이라고는 잠자고 담배 피우는 것밖에 없는
아들, 우리만 당하고 있는 것 같은 소외감, 누구에게도 털

어놓을 수 없는 아들의 병명⋯⋯. 나는 점차 친척도, 동창도, 친구도 만나지 않게 되었다.

그러다가 신성회를 소개받고 찾아갔던 날, 나는 처음으로 비밀스러운 고통을 털어놓고 엉엉 울 수 있었다. 이런 나의 상황을 이해하는 사람들이 있다는 것만으로도 희망의 작은 불씨를 발견한 듯 반가웠다. 그리고 얼마 후 신성회에서 주관하는 '정신분열증에 대한 강연'에 참석하여 처음으로 정신분열이라는 병에 관한 이야기를 들은 것을 시작으로, 정신 건강에 관한 여러 책들을 읽기 시작했다. 그 책들을 읽으면서 나는 또 울었다. '나 자신이 정신병에 관해 얼마나 지식이 없었던가, 이런 지식을 조금만 일찍 알았더라면 아들을 이 지경으로 만들지는 않았을 텐데' 하는 후회 때문이었다.

나는 정신분열증 강의를 함께 들었던 가족들과 모임을 만들었고, 그 모임을 기초로 정신병을 앓고 있는 환자들의 모임인 '기러기집'을 시작했다. 정신병은 가족이든 본인이든 숨기고 싶어하는 병이기 때문에 사람들을 모으기가 쉽지 않았다. 그러나 내 경험으로 볼 때 그럴수록 더 모여서 서로 도와야 했다. 나는 수십 통씩 전화를 하면서 엄마들을 설득했다. 회원이 7-8명이 되면서 아이들은 함께 노래도 부르고 요리도 하고 수영도 하면서 변하기 시작했다.

왁자지껄 떠들고 웃는 아이들의 소리. 그것은 닫혀 있던 그들의 세계가 열리는 소리였고 내 아들이 보통 사람이 될 수 있다는 가능성의 소리였다.

상담 일기
>

처음 아들을 데리고 찾아왔을 때, 이 어머니는 많이 상심하고 있었다. 본인도 조울증을 앓는 남편과의 갈등으로 분노가 컸고, 아들의 발병이 자신 때문이라는 죄책감도 많았다. 나는 아들이 발병한 이상 적극적으로 환자를 돌볼 수 있도록 격려하는 일에 초점을 두었다. 이 경우에는 가족이 먼저 지쳐서 포기하지 않게 하는 일이 급선무이기 때문이다. 나는 《마음의 병 상담실》(한국 정신건강협회 편집)과 《정신분열증에 대해 나누고 싶은 이야기》(김진), 《천국엔 새가 없다》(프래드릭 플래취)를 권했다.

이 어머니는 특별히 자신과 비슷한 처지에 있는 사람들과 모임을 가짐으로써 아들의 문제를 해결하고자 한 경우이다. 신성회에서는 환자 가족들의 모임을 적극적으로 권하고 격려했다. 가족의 협조 없이는 환자의 회복이 불가능하기 때문이다. 이 어머니는 아들의 길고 지루한 투병생활을 돌보면서, 똑같은 문제로 고통받는 다른 가족을 돌보는 적극적인 태도를 취했다. 지금 이 모임은 전문가에게 맡겼고, 이 어머니는 그 회원들의 어머니 모임을 이끌고 있다. 그 후 아들이 정신적으로 힘들다는 것을 처음부터 밝히고 동남아 쪽의 며느리와 결혼시켜서 유치원도 경영하며 며느리랑 함께 서로 도우며 살아가고 있다.

사례 3 남편이 일중독자인 경우

>

나는 딸 부잣집에서 누구의 주목도 받지 못하는 허약한 아이로 자랐다. 그렇지 않아도 어려웠던 집안이 고등학교를 졸업할 무렵에 완전히 몰락하고 말았다. 사춘기를 즐길 여유도 없이 생활 전선에서 애쓰던 나는 한 남자를 알게 되었고, 누군가에게 의지하고도 싶고 식구 많은 집의 입이라도 덜어 줄 생각으로 그 남자의 방으로 거처를 옮겼다.

그런데 하룻밤을 지내고 난 후부터 직면하게 된 사실은, 그가 지독한 일중독자에 돈중독자라는 것이었다. 남편은 그날부터 마치 유격훈련 하듯이 일을 시켰고, 돈은 모두 자기가 관리했으며, 생활필수품조차 사지 못하게 했다. 나는 연년생 아들 둘과 전처소생의 딸(남편은 이혼한 경력이 있었다)을 키우면서 오로지 일, 일, 일만 해야 했다.

일도 서로 위로하면서 웃어 가며 하면 얼마나 좋을까? 남편은 야단치고 윽박지르고 화내는 것밖에 모르는 사람이었다. 그나마 유일하게 대화라고 하는 것은 싸울 때뿐이었다. 남편이야말로 나의 가장 무서운 원수였다. 그렇지 않아도 약했던 나는 당뇨병, 고혈압, 관절통, 비염에 시달렸고 심한 우울증으로 하루하루를 울면서 보냈다. 당장 집을 나오고 싶었지만, 차비조차 마련할 길이 없었다.

그러다가 책 읽기 모임을 알게 되었다. 그것은 외부 세계와 통하는 실낱같은 통로였다. 나는 매달 보내 주는 책을 틈나는 대로 조금씩 읽어 가면서 생각하기 시작했다. 특히 폴 투르니에의 《인간 치유의 심리학》은 온통 내 이야기를 하고 있는 것 같았다. 책을 읽으면서 나는 어렸을 때 내가 겪었던 병이 심인성 상관질환이라는 것을 알게 되었다. 역기능 가정에서 자라면서 받은 갖가지 상처와 스트레스로 몸과 마음이 병들었고, 따라서 성숙하지 못한 채로 미숙하게 배우자를 선택했으며, 마찬가지로 남편 역시 극심하게 가난했던 역기능 가정의 피해자라는 인식이 생기기 시작했다. 그때부터 틈만 나면 비관하면서 베갯머리 적시고 자기 연민에 빠져 자학하던 어두운 세월들이 한 꺼풀씩 벗겨져 나갔다. 늘 가해자로만 보이던 남편이 불쌍하게 느껴지기 시작했다.

자연히 말 한마디를 해도 좀더 부드럽고 따뜻하게 하게 되었다. 존 그레이의 《화성에서 온 남자 금성에서 온 여자》는 남녀의 차이에 대해 생각하게 해주었다. 나는 남편과 성격이 너무나 달라 항상 남편을 타인처럼 느끼며 살았다. 세상을 보는 눈이나 자녀 양육 방법이나 돈에 대한 생각, 일하는 태도 등 어느 것 하나 공감을 느낄 수 없었다. 그런데 이 책을 보면서 우리 내외는 기질이 서로 다른 사람이라는 사실을 받아들이게 되었고, 기질은 타고난 천성처럼 고치기 어려운 것이라는 점 또한 인정하게 되었다. 그러자 남편을 탓하거나 비판하는 마음이 없어지고 있는 모습 그대로의 장단점을 보게 되었다.

이렇게 내 생각이 달라지고 태도가 달라지자 남편도 조금씩 달라지기 시작했다. 그 과정을 일일이 말할 수는 없지만 뾰죽뾰죽한 무서운 바윗덩어리 같던 남편이 이제는 둥글넓적한 바위처럼 편안해졌다. 요즈음 남편은 새벽마다 골프도 치러 나가고 노래방에 가서 한두 시간씩 노래도 부른다. 나도 당뇨병이 깊어지지 않게 등산도 다니고 운동도 하는 평범한 주부로 살아가고 있다.

상담 일기

>

처음에 이 주부는 워낙 성격이 섬세하고 성장기에 상처가 많아서, 아무리 이야기를 들어 주어도 좀처럼 치유되지 않을 것 같았다. 시도 잘 쓰고 정도 많고 성실함에도 불구하고 피해의식과 상처가 깊었다. 그러나 한 5년간에 걸쳐 꾸준히 책을 읽어 나가면서 서서히 좋아지기 시작했다. 천식과 알레르기 같은 심인성 질환도 치유가 되었고, 늘 죽고 싶어하던 마음도 없어지기 시작했다. 온 세상 걱정을 혼자 다 끌어안았던 태도에도 여유와 객관성이 생겨났다.

이 주부를 대하면서 치유는 일회적으로 되는 것이 아니라

긴 시간이 필요하고, 다각적으로 욕구가 채워져야 할 일이라는 것도 알 수 있었다. 이 주부는 특히 그 자라난 역사를 고려해야 할 측면이 많은 사람이었다. 그런 면에서《인간 치유의 심리학》은 이분에게 아주 적절한 책이었다. 이분은 당뇨병이 심해져서 합병증으로 심장이 잘 작동이 안 되어 심장 수술을 받은 뒤에 회복실에서 심장 마비가 와서 돌아가셨다.

사례 4-1 남편이 외도한 경우

>

나는 종갓집 아들과 결혼해서 다 망해 가는 집안을 살리려고 악착같이 노력했다. 큰시숙은 정신질환을 앓고 있고 형님은 가출한 상황에서, 큰집 뒷바라지를 내 사명으로 알고 최선을 다했다. 그러나 거의 강압적이고 일방적으로 결혼하게 된 남편에 대해서는 마음 밑바닥에 미움이 자리 잡고 있었다. 남편은 말이 많고 다른 사람들에게 잘 대해 주는 사람이었지만, 집에서는 나와 거의 대화를 나누지 않았다. 또 자녀들에게도 관심이 없어서, 양육은 내가 도맡아야 했다.

금식기도도 하고 작정기도도 하고 기도원도 다니면서 남

편에 대한 사랑을 회복해 보려고 했지만 하나님은 응답하시지 않는 것 같았다. 나는 시댁의 문제를 내가 다 떠맡으려는 완벽주의와 지나친 책임의식으로 마음이 쉴 날이 없었고, 두려움과 수줍음 때문에 사람들을 만나는 것이 싫었다. 또 한편으로는 내 인생에 대한 비관과 설움, 낮은 자존감, 남편에 대한 증오에 시달렸다.

90년 초엽에 남편이 외도하고 있다는 낌새가 느껴졌다. 남편에게 애정이 없었음에도 불구하고 그것은 고통스러운 일이었다. 그래서 혼자 방황하며 괴로워하고 있을 때, 어떤 분이 책을 읽는 상담 모임이 있으니 알아보라고 일러 주었다.

처음에 도움을 받은 책은 《위장된 분노의 치유》(최현주)와 《대인공포증의 치료》(이시형)였다. 무엇보다 저자들도 나와 비슷한 증세를 겪었다는 것이 위로가 되었다. 나는 이 책들을 읽으면서 나에게 나타나고 있는 것이 '성인아이'의 특징임을 알게 되었고, 우리 가정의 문제가 외도 그 자체에 있다기보다는 역기능 가정 출신끼리 만나서 산다는 데 있다는 것을 깨닫게 되었다. 그러자 남편에게 분노가 일어나는 것이 아니라 오히려 심한 역기능 가정에서 자란 것을 불쌍히 여기는 마음이 생겼다. 나는 외도에 대해 어떤 비판이나 지적을 하지 않고, 매사에 이해해 주려고 애썼다.

《성숙한 부모 유능한 교사》(연문희)라는 책을 읽을 때는, 내가 너무나 무지하게 아이들을 다루고 키웠다는 것을 깨닫고 울었다. 나는 잔소리를 많이 한 반면 격려는 해주지 못했고 자존감도 세워 주지 못했다. 또 전에는 아이들이 만화책 보는 것을 전혀 허락하지 않았는데, 《당신의 가정도 치유될 수 있다》(정동섭)라는 책에서 저자가 아이들을 키우는 방식을 보면서 어느 정도까지는 허락하는 융통성을 가질 수 있었다.

나는 소설책이 아닌 다른 책에도 완전히 빠져들 수 있다는 것을 스스로 신기하게 생각하면서, 요즘도 밑줄을 까맣게 그어 가며 책을 읽고 있다. 남편은 아직도 말을 많이 하지 않고, 우리는 정보 교환 정도의 2차적 대화만을 하며 지낸다.

그러나 일단 외도를 중단했고, 우리 사이에 있던 갈등들이 많이 해결된 것이 감사하다. 나는 잡지만 읽는 남편이 책에도 재미를 붙여서, 내면생활을 풍성하게 하는 책 읽기의 기쁨을 함께 나누게 되길 소망하고 있다.

상담 일기
>

《위장된 분노의 치유》는 신성회 사역의 좋은 열매이다. 저자인 최현주 목사의 아내가 먼저 책을 읽기 시작함으로써 그 가정의 문제가 진단되었고, 그들 부부가 치유받은 과정이 책으로 나옴으로써 비슷한 문제로 갈등하는 많은 이들에게 새로운 인간 이해의 기회를 제공하게 되었기 때문이다.

이 주부의 경우 자신과 남편에게 문제가 있다고 막연히 느끼면서도 그것이 무엇인지 알지 못해서 더 큰 자책과 절망을 느끼고 있었다. 그런데 책을 한 권 한 권 읽어 가면서 헝클어져 있던 내면세계가 하나씩 정돈되어 가고, 자신에 대해서도 점점 잘 표현하게 되는 것을 볼 수 있었다. 오래도록 신성회의 독서 모임을 통해 책을 읽어 가며 마음의 짐을 나누며 남편을 이해하면서 차츰차츰 부부관계가 호전되어 가고 있는 중이다.

사례 4-2 남편이 외도한 경우

>

다시 생각하는 것만으로도 괴로운 일이다. 그러나 나와 비슷한 고통을 겪는 분들에게 도움이 되길 바라는 마음으로 용기를 냈다.

내 남편은 대학교수이다. 남편은 같은 대학의 다른 과 교수로 있는 유부녀와 1년 가까이 불륜의 관계를 맺었다. 친구처럼 다정했던 남편이 나를 배신한 것만도 괴로운데, 남편은 나의 배경을 문제 삼으면서 폭언과 폭음, 거짓말, 이혼 협박을 서슴지 않았다.

특히나 "당신이 아무리 노력해도 내 마음은 절대로 달라지지 않아. 나는 당신한테 정이 다 떨어졌으니, 당신도 다른 남자 만나고 싶으면 만나라구"라고 말할 때는 마치 창자가 토막 나는 것만 같았다. 당시 고3이었던 큰애를 봐서 수능 끝날 때까지만이라도 참아 달라고 애원했지만, 남편은 아이들 인생보다 자기가 먼저 살아야겠다고 했다.

내가 첫아이를 임신했을 무렵, 친정이 망하면서 엎친 데 덮친 격으로 동생이 정신병 증세를 보이기 시작했다. 동생의 발병은 15년간 가족들에게 깊은 상처를 남긴 채 죽음으로 막을 내렸다. 나는 가정과 남편이 있다는 사실만으로 위안을 받으며 그 세월을 버텼고, 남편에게 궂은일만 보이는 것을 미안해하며 살았다.

남편이 박사 학위를 받고 교수로 복직하면서 우리는 생활의 안정을 찾아갔다. 그런데 IMF가 터지면서 경제적 위기가 닥쳤고, 나는 그 압박감을 이기지 못한 채 우울의 늪에 빠져들었다. 그즈음에 남편은 연구 실적의 부담에 시달리고 있었지만, 병들어 침대에만 누워 지내던 나는 그를 위로할 처지가 못 되었다. 그런데 그때 그 여자 교수가 빈자리를 채워 주었던 것이다.

지옥 같은 날들을 보내던 어느 날, 책 읽기 모임을 소개받았다. 그는 자신도 이 모임을 통해 남편과의 갈등을 치유받고 안정을 얻었으니 꼭 한번 가보라고 간절히 권유했다. 그때는 남편이 일주일 동안 외박을 하고 돌아오기 직전이었는데, 정말 누구한테라도 상담을 받지 않고는 그를 감당할 자신이 없었다.

나는 그곳에 전화를 걸어 울면서 매달렸다. 나는 상담과 우울증 검사, 기질 검사를 통해 내가 전문가의 도움이 필요할 만큼 깊은 우울증에 빠져 있다는 것과, 이것이 남편과의 관계에 큰 타격을 주었으며, 내가 기질적으로 남편의 강한 성격에 많은 상처를 받았다는 사실을 알게 되었다.

그때부터 나의 내적 치유의 여정이 시작되었다. 각기 상처받은 경험이 있는 지원 그룹 사람들은 나의 고통을 자기 고통인 양 함께 나누어 주었다. 나는 《결혼, 남편과 아내 이렇게 사랑하라》(레스 패로트 3세, 레슬리 패로트)를 읽으면서 내 결혼생활의 결함이 어디서 나온 것인지 진단할 수 있었다. 《끝나지 않은 길》(스캇 펙)을 읽으면서는 고통에서 일어나 자기 성숙을 향해 나아갈 용기를 얻었고, 《행복은 선택입니다》(프랭크 B. 미너스)를 통해서는 우울증에 시달릴 때 나 자신의 문제를 이해하고 해결하는 데 도움을 얻었다. 또 남자가 좀처럼 털어놓지 않는 혼자만의 생각들을 수많은 예들을 통해 밝혀 주고 있는 《남자는 무슨 생각을 하며 사는가》(고든 맥도날드)는 남편을 이해할 수 있는 길을 열어 주었다.

나는 그 밖에도 《모험으로 사는 인생》(폴 투르니에), 《우울증 헤쳐나가기》(정동섭), 《왜 나를 말하기를 두려워하는

가》(존 포웰), 《왜 사랑하기를 두려워하는가》(존 포웰) 등의 책을 읽으면서 다시 남편을 사랑할 수 있는 힘과 나의 방황을 정리할 수 있는 관점들을 얻었다. 그리고 그 과정에서 점차 깊은 배신감을 떨치고 남편을 위해 기도할 수 있게 되었다. 나는 "하나님! 남편의 마음을 헤아리지 못한 죄, 말로 상처를 입힌 죄를 용서해 주세요. 그 여자 교수를 불쌍히 여겨 주세요"라고 기도할 수 있었다.

몇 달에 걸쳐 나의 태도가 변하기 시작하면서 나를 바라보는 남편의 눈에 독기가 사라지기 시작했다. 그리고 그즈음에 그 여자와의 갈등이 부쩍 심해지는 것처럼 보였다. 나중에 들어 보니 남편은 그때 여러 번 죽을 생각을 했다고 한다. 나는 사정을 자세히는 몰랐지만, 점점 피폐해지는 남편의 모습을 보다 못해 "우리 가족은 당신을 사랑합니다. 우리는 당신을 기다리고 있어요. 제발 목숨만은 지키세요"라고 쓴 쪽지를 담요 한 장과 함께 싸서 남편이 잠을 자는 연구실로 보냈다. 남편은 그 편지에 힘을 얻고 신성회 실장님과 상담을 한 후에 집으로 돌아왔다.

이 고난은 나에게 값진 성숙의 기회가 되었고, 남편은 다시 한 번 기회를 얻었다는 마음으로 열심히 살고 있다. 그러나 이 일은 우리 가정뿐 아니라 그 여자 교수의 가정에도 쉽게 지울 수 없는 큰 상처를 남겼다. 지금도 순간순간 그 상처가 아파오지만, 그럴 때마다 마치 꽃밭을 가꾸듯이 용서와 인내와 이해하는 마음을 가꾸려 한다. 하나님께서 그 여자 교수와 그 가정에도 치유의 손길을 베푸시기를 바란다.

상담 일기
>

나는 이분과 상담하면서 그의 남편과 이야기해 보고 싶었다. 다행히 남편이 아내의 전언에 거부감을 보이지 않고 전화를 해 와서 두 번 통화할 수 있었다. 첫 통화 때 이미 이혼을 결심했고 아이들은 자신이 맡겠노라고 밝히는 목소리가 단호하고 냉정했지만, 한편으로는 아주 지쳐 있는 것처럼 들렸다. 나는 부인의 우울증이 너무 심각해서 이대로 방치하면 정신병으로 확산될 우려가 있다는 점을 알렸다. 그는 당황하면서 어떻게 하면 그것을 막을 수 있겠느냐고 물었고, 나는 그해 가을에 내적 치유 과정이 있으니 그때까지만 이혼을 미루는 것이 어떻겠느냐고 권유했다. 그리고 《사랑은 강건해야 한다》(제임스 돕슨) 등의 책을 권했다.

그는 부인의 우울증과 애정의 갈등으로 동료 교수와 갑자기 친밀해지긴 했지만, 시간이 흐름에 따라 부인은 정신적으로 안정을 찾고 성숙해지는 반면 동료 교수는 이혼을 강요하는 가운데 심한 불평과 감정의 기복을 보이는 상황에서 갈등을 겪고 있었다.

나는 그를 판단하거나 비판하기보다는 결혼의 성실성과 책임에 대해 다시 한 번 생각하도록 이끌었으며 재혼했을 경우에 닥칠 구체적인 어려움을 상세히 이야기했다. 그리고 잠언 6장을 본문으로 삼아 말하면서 인격적인 분위기에서 회개와 결단을 유도했다. 두 번째 통화 때, 그는 눈물을 흘리며 다시 한 번 가정을 세워 보기로 결단했다.

상담을 마치고 곧바로 그 내연녀에게 결별을 선언하고 뺨을 한 대 얻어맞고는 그 관계를 청산하게 되었단다. 지금은 두 사람이 힘든 용서의 과정을 딛고 화합해서 잘 살아가고 있다.

사례 5 성폭행을 당한 경우

>

나는 성희롱도 성폭행이라고 부르고 싶다. 성희롱이라고 해서 그 정서적인 피해가 성폭행보다 약한 것이 아니기 때문이다.

처음으로 피해를 당한 것은 초등학교 2학년 때였다. 중학교 2학년이던 친오빠는 내가 그러지 말라고 하는데도 억지로 옷 속에 손을 넣고 몸을 만졌다. 어렸던 나는 이 일의 심각성을 잘 몰랐지만, 잠재의식 속에는 누구에게도 말할 수 없는 상처로 자리잡았다. 그 상처가 본격적으로 정신적인 충격으로 다가온 것은 초등학교 6학년 때였다.

걸스카우트 캠핑을 가서 잠을 자는데 남자 선생님이 잠자는 나를 자신의 방으로 옮겨 가서 입을 틀어막고 추행을 한 후 내 자리로 돌려보냈다. 나는 어떻게 해야 할지 몰랐다. 그 당시 충격은 무서움이라는 말로는 표현이 안 되었다. 그것은 공포였다. 다음 날 나는 보고서 내용을 외우지 못했고 자꾸 틀렸으며 말을 더듬었다.

그다음 학기 내내 선생님은 자주 과학실로 나를 호출했

다. 그때마다 나는 증오의 눈으로 선생님을 노려보았고, 그는 내가 쓰러질 때까지 막대기로 밀고 찌르고 때리기를 반복했다. 그때 나는 처음으로 자살의 충동을 느꼈다.

나는 형제들 중에 막내로 귀여움을 받으며 자랐고 특히 아버지를 몹시 따라서 아버지를 껴안고 잘 때가 많았다. 중학교 1학년 때, 어머니가 안 계신 중에 아버지와 같이 잠을 잤는데 이상한 느낌에 깨 보니 아버지가 나를 만지고 있었다. 몸을 뒤척였지만 빠져 나올 수가 없었다. 희롱을 마친 아버지는 "안 자고 뭐하냐?"고 했다.

나는 가해자가 아버지였기 때문에 이것이 성폭행이라는 생각을 못한 채 불안하게 그 밤을 보냈다. 그러나 나의 마음속에는 아버지를 사랑했던 것만큼의 증오심이 자라나기 시작했다. 그로부터 몇 년 후, 아버지가 다시 추행하려고 했을 때 나는 욕설을 퍼부으며 "당장 꺼져!"라고 소리쳤다.

내 남편은 교회 선배였다. 그러나 그는 알코올중독자로서 평소에는 성격이 순하다가도 술만 들어가면 돌변하곤 했다. 첫아이를 낳은 후 내 생일을 맞아 친구들을 초대했는데, 남편이 술을 먹고 늦게 귀가했다. 내가 일찍 들어온다더니 왜 이제 오느냐고 투정했더니 상을 엎고 사람들 앞에서 따귀를 때렸다. 놀라서 아기를 안고 방에 들어가 문을 잠그었더니 방문을 부수고 들어와 아이와 나를 번갈아가며 때렸고, 나는 엄지손가락이 부러졌다.

그 일이 있고 난 후 남편은 아기를 데리고 시댁으로 거처를 옮겨 버렸다. 사흘 후에 아기가 보고 싶어 찾아갔더니 남편은 나를 보자마자 주먹으로 눈을 때렸고, 시어머니는 아기를 돌려주지 않았다. 그 후 남편의 폭력과 과거에 당했던 성폭행의 상처들이 겹쳐지면서 우울증이 깊어 갔다.

내 인생을 돌아볼 때마다 왜 나한테 이런 일들이 일어나야 했는가 하는 질문이 끊임없이 떠올랐다. 성폭행을 다룬 책들도 읽어 보았지만 치유보다는 그 피해 자체를 다룬 내용에 압도당해서 감정을 추스르기가 힘들었다. 《소생하는 영혼》(호즈미준)은 친오빠에게 성폭행을 당한 여자가 법적으로 자신의 권리를 찾는 것으로 끝나는 책이었는데, 우울증 말기에 이 책을 읽은 나는 별로 공감대를 찾을 수가 없었다.

그 무렵에 신성회를 알게 되었다. 나는 무엇보다 나의 이야기를 들어주는 따뜻한 태도에 편안함을 느낄 수 있었다. 그리하여 나와 같은 피해를 입은 사람들의 모임에 마지막 희망을 걸고 온 힘을 기울여 참석하기 시작했다.

모임에서 인도하는 대로 12단계를 생활에서 실천하고 적용하는 데 집중했다. 매년 반복되는 1단계 훈련을 거듭 받으면서 과거의 사건에서 조금씩 벗어날 수 있었고 다른 사람을 의지하는 자세도 점차 버릴 수 있었다. 피해 후유증 가운데 하나는 항상 남한테 잘못했다고 하면서 쉽게 물러나는 것이었는데, 5단계를 거치면서부터는 인간이자 여자로서 나의 권리를 지키기 위한 시도를 할 수 있게 되었다.

《왜 여자는 남자 없이는 혼자 살 수 없다고 생각하는가?》(러쉬 노프), 《사랑이 지나치면 상처도 깊다》(로빈 노우드), 《현명한 여성의 어리석은 선택》(코완과 킨더) 등은 내가 여자로서 자긍심을 가지고 자립할 수 있도록 도와준 책들이었다. 《어둠 속의 절규》(도나프리스)라는 책은 아버지에게 성폭행을 당한 딸이 여동생들도 같은 일을 당한 것을 알고 소명감으로 아버지를 법정에 고발하게 되는 이야기를 담고 있었는데, 이번에는 자신과 자매들의 권리를 찾아가는 그 저자에게 동일시될 수 있었다.

그 외에도 《당신의 과거와 화해하라》(H. 노먼 라이트), 《잃어버린 자아의 발견과 치유》(C. L. 휘트필드), 《결혼의 일곱 가지 얼굴》(데이빗 필드) 등은 내가 특히 도움 받은 책들이다.

나는 영적인 회복을 위해 화장실과 냉장고와 오디오에 기도문을 붙여 놓았고, 매일매일 일어난 일들과 내 감정의 변화, 그리고 내가 발견하게 된 해결책 등을 적어 나갔다. 또 건강을 위해 등산을 다니며 자연의 치유력에 몸을 맡기기도 했다.

지난 5년 간 나는 몸과 마음의 회복을 위해 최선을 다해 살아왔다. 나의 이런 노력이 나와 같은 어려움을 겪는 사람들에게 격려가 되길 바라는 마음 간절하다.

상담 일기
>
성폭행 사례 중에서 특히 '근친강간'의 경우에는 그 후유증이 더 심각한 것 같다. 차라리 남이라면 도움을 청할 수

도 있고 털어놓기도 비교적 쉬울 것이다. 그러나 가족에게 당하는 경우 가해자를 매일 만나야 하는 데다가, 피해자가 어릴 경우에는 피하기도 힘들어서 성폭행이 일회적인 사건이 아니라 습관적인 사건이 되기 쉽다. 또 설사 가족들이 알았다 해도 고소하기도 어렵고 어떤 대책을 마련하기도 곤란하기 때문에 은폐되는 경우가 많다.

일단 이런 일을 당한 사람에게는 문제를 고백하는 것이 바른 행동임을 가르쳐 주고 안심시켜야 한다. 또 피해자의 잘못이 아니라는 것을 인식하게 함으로써, 자신은 남의 도움을 받을 수 없다는 좌절감이나 자기 연민에 빠지지 않게 해야 한다.

근친강간의 피해를 겪은 사람에게는 더 오랜 치유의 기간이 필요하다. 이 사례의 주인공은 본인이 치유를 위해 의지를 가지고 끈질기게 노력했다는 점에서 좋은 모델이 된다. 이 여성처럼 이야기를 나눌 상담자를 만나고, 주위에서 치유 그룹을 찾아 참석하는 것이 바람직하다. 또 성폭행 사례집이나 이 주제를 다룬 책들을 읽으면 마음의 짐을 더는 데 도움이 될 것이다. 그러나 각 피해자의 상황에 따라 대처 방법이 달라져야 하기 때문에, 상담자에게는 각 사람에게 적합한 방법을 찾아내는 지혜가 필요하다.

내가 만났던 또 다른 피해자는 초등학교 때부터 친오빠에게 계속 성폭행을 당해 온 경우였는데, 우울증이 너무 심해서 책이 거의 도움이 안 되었고 상담도 겨우 할 수 있는 정도였다. 이 경우에는 무엇보다 아픔을 이해해 주고 정신과 약을 먹도록 권고하는 한편, 더 이상 희생당하지 않도록 보호 환경을 마련해 주는 일이 필요했다.

안타까운 것은 부모가 독실한 신자들로서 교회에서 유년주일학교 어린이들을 가르치는 일을 했으면서도 정작 집에서 이런 일이 일어나고 있다는 것을 까맣게 몰랐다는 점이다. 스물두 살이 되어서야 딸이 이 사실을 알렸지만 어떻게 가족끼리 그런 일이 있을 수 있느냐며 그 말을 인정하지 않았다. 나는 그 아버지에게 상황의 심각성을 알린 다음 병원에 규칙적으로 데려갈 수 있게 했고, 아버지를 설득해서 오빠가 정식으로 동생에게 사과하고 용서를 빌도록 이끌었다. 이 피해자는 오빠가 결혼함으로써 오빠와 완전히 격리될 수 있었다.

사례 6 이혼한 여성의 경우

>

결혼기념일 1주년이 지나면서 임신 4개월로 접어들었을 때, 남편과 나는 친정살이를 시작했다. 남편이 외박하는 경우가 잦아졌는데도, 나는 일이 바쁘다는 말을 믿었을 뿐 외도를 하고 있으리라고는 생각지 못했다. 그런데 아기를 낳은 후 남편은 "너랑은 도저히 못 살겠다"고 털어 놓았고, '그 여자'의 협박과 애걸과 울부짖음이 계속되었다. 결국 우리는 결혼 4년 만에 법원에서 힘든 결말의 도장을 찍었다. 우습게도 내가 그에게 한 마지막 말은 "미안해요……"였다. 무엇이 미안하다는 것이었을까?

나는 원래 책 읽기를 좋아했다. 그러나 이혼하지 않으려고 안간힘을 쓸 때 읽었던 가정과 부부의 자세에 관한 수많은 책들은 오히려 나에게 상처가 되었고 심한 죄책감과 좌절감까지 몰고 왔다. '이대로만 살고 결혼한다면 누가 나 같은 아픔을 겪겠는가? 문제는 현실에서는 책처럼 이상적으로만 살 순 없다는 거다'라는 반발감에 책을 던져 버릴 때도 있었다. 직장도, 마땅한 기술도 없던 나는 아이를 데리고 어떤 때는 1박2일, 어떤 때는 2박3일씩, 또 길 때는 6개월씩 돌아다니는 생활을 했다. 마치 나의 영혼도

떠돌아다니는 것만 같은 시간이었다. 특히 아이한테 해줄 수 있는 일에 한계가 있다는 생각이 나를 괴롭혔다. 이혼한 여자를 바라보는 사람들의 시선도 쉽게 익숙해지지 않았다.

그러다가 독서 모임을 만나게 되었다. 잦은 우울증 증세와 낮은 자존감, 풀리지 않는 생활의 어려움 때문에 다른 사람의 말들은 그것이 위로일 때라도 부담스럽거나 부끄럽게 들리곤 했다. 그런데 일단 책은 그런 부담이 없어서 좋았다.

밑줄을 긋고 메모해 가며 책을 읽다가 위로를 얻을 때도 있었고 책망받는 듯한 느낌을 받을 때도 있었다. 또 어떤 때는 문제 해결의 힌트를 얻는 효과를 보기도 했다. 그 과정을 통해 나 자신에게 솔직해지면서 다른 사람의 눈치를 보지 않고 내 상처를 객관적으로 분석할 수 있게 된 것 같다.

《슬픈 노래를 부르지 말아요》(마리 발터)를 읽을 때는 소외된 사람들을 향해 가져야 하는 새로운 시각에 눈을 뜰 수 있었다. 이혼을 전후로 소외를 느끼던 내게 사람들이

"더 강해져야 해. 왜 그렇게 약하게 굴어?"라고 할 때마다 얼마나 힘들었는지 모른다. 그래서 더 이 책에 위로를 받았는지도 모르겠다. 또 《배신의 벽을 넘어서》(캐롤린 쿤스)를 읽을 때에는 나의 과거가 장애물이 되도록 할 것인지, 미래를 변화시킬 수 있는 능력의 지팡이로 삼을 것인지가 나의 선택에 달려 있다는 도전을 받았다. 《사랑이 지나치면 상처도 깊다》(로빈 노우드)는 나의 남성관이나 이성교제에 대한 생각이 어떤 부분에서 잘못되었는지를 깨닫게 해주었다. 그 밖에도 많은 책들을 통해 나는 새로운 인식의 세계로 나아가는 기쁨을 맛보았다.

그러나 이런 유익이 있었음에도 불구하고 어떤 책의 도전도 처음부터 '아이고, 기쁘고 반갑다!'는 마음으로 받아들인 적은 없었음을 고백해야겠다. 그것은 스트레스와 우울함을 불러일으키기도 하는, 아직은 내게 힘든 모험임이 분명하다.

상담 일기

>

이분의 경우에는 친정살이를 함으로써 두 사람의 사랑을 오붓이 키울 기회가 적지 않았나 하는 아쉬움이 있었다.

한 가정의 주체는 부부 두 사람이 되어야 한다. 한국 실정에서는 시댁살이나 친정살이의 어려움이 결혼생활에 큰 갈등요인으로 작용한다. 부부는 다른 사람을 의식하지 않고 자신들만의 사랑을 확인할 필요가 있다. 또 이 아내의 낮은 자존감도 남편을 잃은 한 요인이 되었다.

우리나라에서 이혼한 사람들을 대하는 태도에는 아직도 편견이 많은 것 같다. 이 사례의 주인공처럼 일방적으로 남편이 외도를 하고 이혼을 강요해서 어쩔 수 없이 이혼한 사람들에게는 상실에 대한 따뜻한 이해와 격려가 필요하다. 무엇보다 이혼으로 치닫지 않도록 미리 부부 관계를 살피는 일이 필요하겠지만, 일단 이혼한 사람들을 대하는 태도에도 변화가 있었으면 하는 마음 간절하다. 이혼 후유증을 고스란히 잘 극복하고 홀로서기를 잘하며 책 저자도 되었고 해외선교사가 되어서 사역을 잘 감당하며 딸과 잘 살아가고 있다.

사례 7   남편에게 구타당하는 아내의 경우

>

왜 이런 이야기를 또 써야 하는가 생각했다. 결코 생각하고 싶지 않은 이야기, 의식의 밑바닥에서 영원히 잠자길 바라는 기억들, 그런 어두운 감정의 파편들을 잠시나마 뒤집어쓰기가 두려웠다. 그러나 나의 경험을 통해 누군가에게 소망의 길이 보이기 시작한다면……. 그런 작은 바람으로 이야기를 시작하고 싶다.

한 인간이 다른 인간에게 폭력을 가하는 것은 너무나 잔인한 일이다. 그러나 목사였던 내 남편은 잔인한 사람도, 강한 사람도 아닌 아주 순박한 사람이었다. 그래서 신학교 재학 중에 처음으로 남편한테 맞았을 때 나는 무엇보다 당황했고 창피했다. 그리고 다른 문화에서 자란 두 사람이 적응하는 과정에서 생기는 일이라고 애써 생각했다.

그러나 첫아이를 낳으면서 상황은 더 심각해졌다. 남편은 기분 좋게 이야기를 시작했다가도 상대방의 의견이 자신의 주장과 달라지면 불같이 화를 냈다. 그 분노의 불길은 폭언으로 이어지고 폭력으로 마무리되었다. 나는 속수무책으로 당할 수밖에 없었다. 분노를 터뜨리는 남편을 보면 괴물 같았다. 그러다가도 감정이 누그러지면 너무나 미안해하며 나에게 잘해 주는 그를 나는 이해할 수가 없었다.

맨 처음 교회를 개척했을 때, 남편은 이의를 제기하는 교인들이나 믿음이 어린 성도들과의 관계를 어려워했다. 사소한 문제를 가지고도 교인들과 마찰을 일으키는 남편을 보면 안타까웠다. 목회는 점점 어려워지고 있었다. 남편은 분노를 자제하려고 때로 금식하면서 노력했지만, 기대만큼의 결과는 나타나지 않았다.

교회를 개척한 지 3년째 되는 해였다. 그해를 내 인생에서 지워 버릴 수만 있다면 얼마나 좋을까. 그 이야기는 《위장된 분노의 치유》에 자세히 나오기 때문에 여기에 쓰지는 않으려고 한다. 단지 그해의 사건들을 통해 공포가 무엇인지 체험했다는 것, 배신과 폭력의 잔인함을 절감했다는 말만 하자. 그해 4월에 막냇동생이 죽었고, 8월에는 남편이 교도소에 들어갔으며, 나는 정신병원에 2주간 입원했다. 그리고 남편이 교도소에서 출감한 지 일주일 후에는 산업도로에서 덤프트럭에 교통사고를 당했다. 남편도 억울하게 교도소에 다녀왔으니 아내에게 위로받고 싶었으리라. 그러나 내게는 나 자신을 지탱할 힘조차 남아 있지 않았다. 이대로 가다가 미쳐 버리지는 않을까 하는 두려움이 밀려왔다. 이렇게 서로가 연약한 상태에 있다 보니, 사소한 감정의 부딪힘도 엄청난 싸움으로 번지곤 했다. 한번은 남편한테 가슴을 맞았는데, 번개가 치는 듯한 통증이 느껴졌다. 시간이 오래 지나도 낫지 않아서 병원에 갔더니 "갈비뼈가 부러졌다가 이어지고 있다"고 했다.

겉으로는 한 교회의 사모로서 아무 내색 없이 지냈지만, 나의 삶은 그렇게 추락하고 있었다. 나는 결국 몸져눕게 되었고, 심장병과 우울증으로 물 한 모금도 내 손으로 마실 수 없는 지경이 되었다. 아무런 의욕도 자신감도 가질 수 없는 어두운 밤의 정점과도 같은 시간이었다. 오직 나를 사랑하는 부모님과 두 아이가 삶을 이어 주는 질긴 끈이 되었다.

그즈음 중국에 선교사로 나가 있던 언니가 《아직도 아물지 않은 마음의 상처》(찰스 셀), 《상한 감정의 치유》(데이빗 A. 씨맨스), 《당신의 가정도 치유될 수 있다》라는 책들을 건네주었다. 나는 그 책들을 통해 남편의 무서운 분노의 정체가 무엇인지 조금은 알 것 같았다. '내 남편도 변화될 수 있다'는 생각, 그것은 삶의 소망을 잃어 가고 있는 나를 비추어 주는 작은 빛이었다.

나는 《당신의 가정도 치유될 수 있다》의 저자를 만나게 해 달라고 간절히 기도했고, 마침내 저자의 아내 되는 분을 만날 수 있었다. 나는 아무에게도 할 수 없었던 이야기를 처음으로 마음껏 털어놓았다.

그 후로 정기적으로 책이 배달되었다. 나는 분노의 75퍼센트가 과거의 상처로 인한 것이라는 사실을 알게 되었다. 인간의 심리에 호기심이 생겼다. 그래서 그 방면의 책들을 한 권 한 권 읽어 나가기 시작했다. 우리 부부는 그 과정을 통해 서로를 이해하게 되었다. 남편도 자신의 분노의 정체를 알게 되면서 조금씩 분노를 조절할 수 있게 되었다. 우리는 그 과정을 《위장된 분노의 치유》, 《잃어버린 나를 찾아서》라는 책에 담아냈다.

내 경험을 통해 가장 간절하게 말하고 싶은 것은 용서와 사랑만이 문제의 해결책은 아니라는 것이다. 내 경우에는 오히려 그런 태도가 문제를 더 강화시키거나 해결을 지연시켰던 것 같다. 물론 어느 단계에서는 용서가 필요하지만, 그 용서는 가해자가 자신의 문제를 인식하고 변화하려는 의지와 노력, 책임감을 가질 때 의미가 있는 것이다. 계속 상처받고 있는 피해자에게 끝없이 용서하라고 한다면, 그 피해자는 정신적인 어려움(대개는 우울증)을 겪을 수밖에 없다.

계속적인 폭력을 가하는 사람에게 필요한 것은 용서가 아니라 치유이다. 그것이 진정으로 상대를 사랑하는 방법이다. 그러므로 용서한다고 하면서 함께 그 문제에 함몰되지 말고 치유의 길로 나와야 한다. 두려워서 도피하거나 자신의 감정을 억압하는 대신 건강한 방법으로 대처해야 한다.

물론 자신의 속살을 내놓는 것 같은 이야기를 다른 사람에게 한다는 것은 쉽지 않은 일일 것이다. 그러나 우리 각자의 삶은 너무나 소중하다. 참고만 사는 것은 가족 모두에게 아무런 유익이 없다. 건강한 삶을 위해서는 치유의 길로 용감히 나와야 한다. 그것만이 폭력으로부터 자유로워질 수 있는 길이다.

상담 일기
>

이선애 씨와 그 남편 되시는 최현주 목사의 이야기는 《위장된 분노의 치유》, 《잃어버린 나를 찾아서》로 잘 알려져 있다. 그런데 그 이야기를 굳이 여기에 다시 실은 것은, 이 분들의 경험이 가정 폭력의 문제에 희망의 빛을 보여 주는 좋은 예라고 생각하기 때문이다. 사실 치유를 받았다고 해서 과거의 아픔이 한순간에 사라지는 것은 아니다. 여기에 사례를 제공해 준 여러 분들이 고백했듯이, 그 상처는 계속해서 통증을 수반하게 마련이고, 우리의 삶에는 끊임없이 어려운 문제들이 찾아오기 때문이다. 그렇기 때문에 변화가 눈에 띄게 보이지 않을 때에도 절망하지 말고 스스로 계속해서 성장해 나가려는 노력과 함께, 이런 상처를 이해하는 사람들끼리 서로 격려하는 지속적인 교제가 필요하다. 그래서 치유는 한순간의 사건이 아니라 여러 고비를 거치는 과정이다. 이선애 씨는 이 글과 함께 편지 한 통을 보내 왔다. 그 편지 가운데 일부를 소개하고 싶다.

-

제게 이 글을 부탁하셨을 때, 다시는 이런 글을 쓰고 싶지 않았습니다. (중략) 언제까지 우리의 수치가 자랑이 되는 걸까요? 저도 잘 모르겠습니다. 그러나 상담을 하면서 느끼는 것은, 자신의 수치를 드러내 줄 때 내담자가 마음의 문을 활짝 연다는 것입니다.

이 글을 쓰면서, 다시 밀려오는 감정의 복잡한 기복을 느꼈습니다. 우리는 과연 상처로부터 자유할 수가 있을까요? 과거의 폭력 장면을 기억하면서, 저는 다시 숨이 막히고 답답해지면서 머리가 멍해져 왔습니다. 도저히 글을 쓸 수가 없었습니다. 그 순간에 '직면하자. 이것은 과거의 두려움일 뿐이야'라는 의식적인 노력을 하지 않았다면 오랫동안 글을 미루고 말았을 것입니다.

'참으로 상처의 끈은 질기구나'라는 생각을 하면서, 쓸쓸한 미소가 나왔습니다. 결국 이러한 상처에 대한 깊은 함정을 알고 보니, 남편의 질긴 쓴 뿌리도 더 깊이 이해하는 계기가 되었습니다. 아직도 끝나지 않은 길을 가야 하는 것이 우리의 진실한 치유인 것 같습니다.

(중략)

올해는 날개를 달고 싶습니다. 어떤 날개를 달게 되느냐는 저의 노력과 하나님의 도우심이 어떤 조화를 이루느냐에 달려 있겠지요. 지켜봐 주시고 격려해 주십시오. 제게는 아직도 해결해야 할 문제가 남아 있습니다. 그러나 이제 저에게 삶은 절망이 아닙니다.

늘 길이 있다는 생각으로 그 길을 찾으려고 노력합니다. 상담가가 문제의 근원을 찾듯이 말입니다.

이런 긍정적인 생각을 하게 된 것도 상담을 통해 형성된 사고의 결과가 아닌가 싶습니다. 최근에 재일교포 작가인 유미리의 에세이에서 "추리소설과 정신분석은 한 뿌리"라는 글을 읽었습니다. 문제의 근원을 찾아가는 것과 범인을 찾아가는 것이 같은 이치라는 해석이었습니다. 저도 그 해석에 공감이 갔습니다. 맨 처음 상담 서적을 접할 때 바로 그런 마음으로 '분노'의 정체를 찾았거든요.

올해는 구하고 찾고 문을 두드리는, 그런 한 해가 되었으면 합니다. 길이 있겠지요. 모든 길은 길로 연결되어 있으니까요.

상담에 활용할 추천 도서

1. 자기수용·인간 이해

▸ 김용태, 《가짜 감정》, 덴스토리, 2014.
▸ 레스 & 레슬리 패럿, 《5가지 친밀한 관계》, 이레서원, 2015.
▸ 이무석, 《자존감》, 비전과리더십, 2009.
▸ 이인수·이무석, 《누구의 인정도 아닌》, 위즈덤하우스, 2017.
▸ 폴 투르니에, 《강자와 약자》, IVP, 2019.

2. 대인관계·대화법

▸ 게리 채프먼, 《5가지 사랑의 언어》, 생명의말씀사, 2010.
▸ 문요한, 《관계를 읽는 시간》, 더퀘스트, 2018.
▸ 베르벨 바르데츠키, 《너는 나에게 상처를 줄 수 없다》, 걷는나무, 2013.
▸ 최성애, 《최성애 박사의 행복 수업》, 해냄, 2010.
▸ 폴 투르니에, 《서로를 이해하기 위하여》, IVP, 2010.

3. 목회 상담·공동체

▸ 권준, 《교회만 다니지 말고 교회가 되라》, 두란노, 2014.
▸ 김진, 《그리스도인과 함께 나누고 싶은 이야기》, 생명의말씀사, 2006.
▸ 이안 존스, 《성경적 기독교 상담》, 학지사, 2010.
▸ 전광, 《감사가 내 인생의 답이다》, 생명의말씀사, 2016.
▸ 존 던롭, 《마지막까지 잘 사는 삶》, 생명의말씀사, 2015.

4. 내적 치유

▸ 데이빗 A. 씨맨즈, 《상한 감정의 치유》, 두란노, 2011.

상담에 활용할 추천 도서

▸릭 워렌, 《회복으로 가는 길》, 국제제자훈련원, 2006.
▸M. 스캇 펙, 《아직도 가야 할 길》, 율리시즈, 2011.
　　_____, 《거짓의 사람들》, 비전과리더십, 2007.
▸윌리엄 바커스, 《편견을 깨뜨리는 내적 치유》, 예찬사, 1998.

5. 분노 · 우울증 · 자살

▸고선규, 《우리는 모두 자살사별자입니다》, 창비, 2020.
▸데이빗 번즈, 《필링 굿》, 아름드리미디어, 2011.
▸프랭크 미너스, 《내면적 행복이 이끄는 삶》, 예찬사, 2005.
▸헨리 클라우드 · 존 타운센드, 《No!라고 말할 줄 아는 그리스도인》, 좋은
씨앗, 2017.
▸홍경자, 《자기주장의 심리학》, 이너북스, 2006.

6. 역기능 가정 · 성인 아이

▸Friends in Recovery, 《성인 아이 치유를 위한 12단계》, 글샘, 2007.
▸데이빗 스툽 · 제임스 매스텔러, 《부모를 용서하기, 나를 용서하기》, 예
수전도단, 2001.
▸이영애, 《멋진 남편을 만든 아내》, 베다니출판사, 2002.
▸최광현, 《가족의 두 얼굴》, 부키, 2021.
▸휴 미실다인, 《몸에 밴 어린 시절》, 일므디, 2020.

7. 중독과 회복

▸닐 앤더슨 · 마이크 퀼스, 《중독 행동을 극복하기 위한 내가 누구인지 이
제 알았습니다》, 죠이선교회, 2005.

▸ 데일 라이언, 《중독, 그리고 회복》, 예찬사, 2005.
▸ 문요한, 《굿바이, 게으름》, 더난출판사, 2007.
▸ 제럴드 메이, 《중독과 은혜》, IVP, 2005.
▸ 팀 슬레지, 《가족 치유, 마음 치유》, 요단출판사, 1996.

8. 정신병리

▸ 김진, 《그리스도인과 함께 나누고 싶은 이야기》, 생명의말씀사, 2006.
  ____, 《정신병인가 귀신 들림인가》, 생명의말씀사, 2006.
▸ 이무석, 《정신분석에로의 초대》, 이유, 2006.
  _____, 《30년만의 휴식》, 비전과리더십, 2006.
▸ 이시형, 《대인공포증의 치료》, 풀잎, 2000.

9. 혼전 상담

▸ 게리 채프먼, 《5가지 사랑의 언어》, 생명의말씀사, 2010.
▸ 데보라 태넌, 《남자를 토라지게 하는 말, 여자를 화나게 하는 말》, 한언, 2001.
▸ 월터 트로비쉬, 《나는 너와 결혼하였다》, 생명의말씀사, 2009.
▸ 존 그레이, 《화성에서 온 남자, 금성에서 온 여자》, 동녘라이프, 2004.
▸ 존 포웰, 《왜 사랑하기를 두려워하는가》, 자유문학사, 2001.

10. 결혼·가정생활

▸ 게리 토마스, 《부부학교》, CUP, 2011.
▸ 김성묵·한은경, 《고슴도치 부부의 사랑》, 두란노, 2006.
▸ 레스&레슬리 패럿, 《결혼: 남편과 아내 이렇게 사랑하라》, 요단출판사,

2019.

▸이영애, 《멋진 남편을 만든 아내》, 베다니출판사, 2002.
▸최성애, 《부부 사이에도 리모델링이 필요하다》, 해냄, 2005.
▸폴 스티븐스, 《영혼의 친구, 부부》, IVP, 2014.

11. 성 문제·이혼

▸구성애, 《니 잘못이 아니야》, 올리브M&B, 2003.
▸데이빗 리빙스톤, 《가정폭력 남성 치유모델》, 한국기독교연구소, 2002.
▸아치볼드 D. 하트, 《남자의 성》, 홍성사, 2003.
▸정동섭, 《부부 연합의 축복》, 요단출판사, 2012.
▸존 그레이, 《화성남자 금성여자의 침실 가꾸기》, 동녘라이프, 2006.

12. 부모 역할·자녀교육

▸김요셉, 《삶으로 가르치는 것만 남는다》, 두란노, 2006.
▸레스 패롯 3세, 《아버지, 제가 어떤 아이가 되기를 바라셨어요?》, 요단출판사, 2004.
▸문은희, 《엄마가 아이를 아프게 한다》, 예담프렌드, 2017.
▸박성희, 《꾸중을 꾸중답게, 칭찬을 칭찬답게》, 학지사, 2005.
▸오은영, 《어떻게 말해줘야 할까?》, 김영사, 2020.
▸제임스 돕슨, 《자신감 있는 자녀로 키우자》, 에스라서원, 2004.
▸최성애·조벽·존 가트맨, 《내 아이를 위한 감정코칭》, 해냄, 2020.

13. 심신장애아 문제

▸강영우, 《내 눈에는 희망만 보였다》, 두란노, 2012.

‣ 마틴 피스토리우스, 《엄마는 내가 죽었으면 좋겠다고 말했다》, 푸른숲, 2017.
‣ 백순심, 《불편하지만 사는 데 지장 없습니다》, 설렘, 2021.
‣ 이지선, 《지선아 사랑해》, 문학동네, 2010.
‣ 헬렌 켈러, 《헬렌 켈러 자서전》, 문예출판사, 2009.

14. 신앙 · 영성 · 리더십 · 나이 듦과 죽음 ─────────

‣ 게리 토마스, 《영성에도 색깔이 있다》, CUP, 2003.
‣ 김형석, 《백 년을 살아보니》, 덴스토리, 2016.
‣ 김혜남, 《어른으로 산다는 것》, 걷는나무, 2011.
‣ 댄 베이커, 《인생 치유》, 뜨란, 2012.
‣ 아서 프랭크, 《아픈 몸을 살다》, 봄날의책, 2017.
‣ 알랭 드 보통, 《불안》, 은행나무, 2011.
‣ 엘리자베스 퀴블러-로스, 《죽음과 죽어감》, 청미, 2018.
‣ 옥한흠, 《고통에는 뜻이 있다》, 국제제자훈련원, 2001.
‣ 이용규, 《내려놓음》, 규장, 2021.
‣ 폴 투르니에, 《모험으로 사는 인생》, IVP, 2020.
‣ 헨리 나우웬, 《꼭 필요한 것 한 가지, 기도의 삶》, 복있는사람, 2013.
　　　_____, 《영성 수업》, 두란노, 2007.

15. 상담 이론 · 상담 기법 ─────────

‣ 김경일, 《지혜의 심리학》, 진성북스, 2017.
‣ 마틴 셀리그만, 《낙관성 학습》, 물푸레, 2012.
‣ 박성희, 《동화로 열어가는 상담 이야기》, 이너북스, 2007.
‣ 미셸 로젠버그, 《비폭력대화》, 한국NYC센터, 2017.
‣ 탈 벤 샤하르, 《완벽의 추구》, 위즈덤하우스, 2010.

상담에 활용할 추천 도서

16. 책 읽기를 위한 참고 도서

‣ 모티머 J. 애들러 · 찰스 반 도렌, 《생각을 넓혀주는 독서법》, 멘토, 2012.
‣ 박민근, 《치유의 독서》, 와이즈베리, 2016.
‣ 이소라 · 염주희, 《화상 독서 모임 어떻게 시작할까》, 월간토마토, 2020.
‣ 이영애, 《책 읽기를 통한 치유》, 홍성사, 2022.
‣ 이인환, 《일독 백서, 기적의 독서법》, 미다스북스, 2012.

^{2부} 독서 모임 운영

2부 독서 모임 운영

1. 독서 모임을 위한 조언

　우리는 '독서 모임'을 갖는 것이 결코 거창하거나 어려운 일이 아니라는 것을 거듭 강조하고 싶다. 1부의 사례들에서 드러나듯이, 고통을 겪는 사람들에게는 자신의 문제를 들어주고 이해해 주는 사람들이 있다는 사실 그 자체가 희망의 출구가 된다. 또 정신적인 문제로 고통받는 사람이 주변에 없더라도 정신 건강에 관련된 좋은 책들을 함께 읽고 서로 의견을 나누는 것은 유익한 일이다.

　그동안 신성회는 가족의 정신 건강이라는 주제에 관심을 가졌기 때문에 이쪽 분야의 책을 중심으로, 또 가정의 주부들을 중심으로 독서 모임을 가졌지만, 각 사람의 관심 분야에 따라 다른 주제의 책을 가지고 이와 비슷한 모임을 가질 수도 있다. 예를 들어 직장인들끼리 직장에서 받는 스트레스에 건강하게 대처하기 위해 그에 관련된 책들을 읽어 가며 모임을 가질 수도 있다.

독서 모임을 운영하는 사람이 모든 것을 다 알아야 할 필요는 없다. 자신이 모르는 부분이 있을 때에는 주변의 전문가들이나 관련 단체의 조언을 받을 수도 있다. 중요한 것은 어떤 영역에서든 고통받거나 어려움을 겪는 사람들과 함께하려는 마음이다.

　　정신 건강의 영역에서는 특히 그렇지만 사실 고통받는 당사자가 자신의 문제를 털어놓는 데에는 적잖은 용기가 필요하다. 그러나 그런 이웃들을 돕기 위해 자신의 시간과 노력을 요구하는 모임을 시작하는 데에도 그만큼의 용기가 필요하다. 그 용기를 북돋고 싶은 마음으로, 이런 모임을 구체적으로 시작하려고 할 때 도움이 될 만한 사항들을 정리해 보았다.

2. 시작을 위한 조언

사람들을 어떻게 모집할까?

>

무엇보다 평소에 자주 만나는 사람을 대상으로 모이는 것이 좋고, 연령층이 비슷한 사람이면 책을 선정하기가 더 쉽다. 예를 들어 교회에 다니는 사람들은 구역 식구들이나 다른 교인들과 모임을 가질 수 있고, 등산회원도 등산하러 가서 한두 시간 정도 책을 중심으로 이야기할 수 있을 것이다. 주부들의 경우에는 같은 지역에 사는 이웃 주부들과 책 이야기와 삶의 이야기를 함께 나눌 수 있겠고, 취미활동을 같이 하는 사람들끼리라면 따로 모으는 수고를 덜 수 있으리라 생각한다. 또 직장 동료들끼리 점심시간이나 그 밖의 시간을 내서 모이는 것도 좋을 것이다. 특수한 상황에서는 줌으로 연결해서 모이게 되어 다행스럽다.

장소의 선택

>

지역 내의 교회 시설이나 공공장소로 정할 경우, 전화를
받게 된다든지 방문객의 방해를 피할 수 있다는 이점이
있고 구성원들에게도 개인적인 부담을 주지 않을 수 있
다. 그러나 그런 장소를 얻을 수 없을 경우에는 구성원들
의 집을 돌아가면서 모이되, 손님을 대접해야 한다는 부
담을 느끼지 않도록 배려하는 것이 좋겠다. 물론 예외적
인 상황을 고려해서 모인다. 요즈음처럼 코로나 상황에서
는 집 안에서도 줌으로 전 세계 어느 곳이든 모일 수 있게
되었다.

횟수와 모임 시간

>

책을 읽을 시간이 있어야 하므로 월 1회 정도가 좋겠다.
상황에 따라 두 달에 한 번 모일 수도 있다. 요일과 시간
은 회원들의 사정에 따라 정한다. 경험에 따르면 모임 시
간은 두 시간 이내가 적당하다. 특수한 경우에는 주 1회도
좋고 2주에 한 번 모여도 좋을 것이다.

몇 사람 정도가 모이면 좋을까?

> 한 모임의 최적 인원수는 진행자를 포함하여 5명이 적당하다. 8명이 넘을 경우에는 두 모임으로 나누어 모이는 것이 좋다. 아무래도 각 사람이 나눌 수 있는 시간이 제약을 받기 때문이다. 참석한 모든 사람이 이야기할 수 있도록 시간을 안배해야 한다.

누가 얼마 동안 진행해야 하나?

> 신성회의 경우 한 회원이 반 년 정도 인도한다. 너무 자주 바뀌면 일관성이 없어지기 때문이다. 인도자도 인도하면서 모임의 역동을 경험하는 좋은 기회를 갖게 되어 유익하다.
>
> 워크북이 발간된 후에는 독서 모임 인도법 훈련을 받으신 분들이 인도하기를 권한다.

비용은 어떻게 마련해야 하나?

> 구성원들끼리 합의하여 최소한의 경비에 해당하는 회비

를 걷을 수 있다. 이 회비는 공동 책 구입비나 간식비, 점심식사비로 쓰기 위한 것이다. 오히려 회비가 없으면 구성원의 마음가짐이 자칫 해이해질 염려가 있다. 저렴한 회비는 소속감과 참여의식을 돈독하게 해준다.

신성회교육원 회원 가입을 원할 경우에는 소정의 입회비(연 2만 원)로 등록할 수 있다.

3. 독서 모임이 독서 상담이 되려면

개인이 책을 읽는 자세

>

먼저 책을 대하는 마음가짐부터 새로이 해야 한다. 책을 단순한 문자로만 읽을 것이 아니라, 먼저 그 저자에 대해 알아보고, 마치 그 저자가 나에게 개인적으로 편지를 보낸 것처럼 인격적으로 만나는 것이 도움이 된다. 가끔 남편은 함께 설거지를 하거나 이야기를 나눌 때 "팀 라헤이가 그러는데……", "폴 투르니에 말로는……" 하는 식으로 말을 꺼낼 때가 있는데, 마치 지금 방금 그 저자를 만나 상담하고 온 것처럼 생생하게 이야기를 한다. 책을 '내 이야기'로 읽기 때문에 가능한 일이라고 생각한다.

책의 내용은 저자가 오랜 시간 연구하고 경험한 것에서 우러난 것이므로, 심상한 마음으로 대할 것이 아니라 저자가 참으로 어떤 이야기를 전하기 위해 심혈을 기울여 썼는지 탐색하는 자세를 가져야겠다. 일단은 저자의 의도에 마음을 열고 경청하는 자세를 갖는 것이 좋다.

사람끼리 만나면 상대방의 태도 여하에 따라 상처를 주고받을 수 있다. 그러나 책은 저자를 직접 면담하는 것이 아니기 때문에 직접적인 나의 반응을 보이지 않아도 되고, 저자의 생각에 꼭 동의하지 않아도 되며 일축할 수 있는 여유도 있다. 이렇게 책은 강요되는 측면이 없기 때문에 편안하게 대할 수 있는 이점이 있다. 또 말처럼 일회적인 것이 아니므로 두고두고 반복해 읽으면서 생각할 수 있는 기회도 제공한다.

책을 한 권 읽는다는 것이 얼핏 생각하기에는 쉽게 여겨질지 모르지만, 사람이나 상황에 따라 충분히 어렵게 느껴질 수 있다는 점을 기억해야 한다. 학구적인 글을 읽으면서도 심취할 수 있는 사람이 있는가 하면, 글이라는 것자체를 대하기 싫은 사람도 있는 것이다. 또 개인적인 문제에 골몰하고 있을 때에는 책의 내용에 집중하기가 어렵다. 이럴 때는 의무감으로 억지로 읽기보다는 일단 제목이 끌리는 책을 잡아서 조금이라도 읽고 싶을 때 읽는 것이 좋다. 또 꼭 순서대로 읽으려고 애쓰지 말고 목차에서 관심이 가는 부분을 먼저 읽는 방법도 있다. 20퍼센트 읽고 80퍼센트 이해하려면 독서 모임에서 함께 토론하며 읽으면 가능한 일이다.

책을 읽기 전에는 저자의 머리말을 꼭 읽기 바란다. 그 다음에는 추천사나 앞뒤 표지에 실린 글을 읽고, 목차를 훑어본다. 그러면 그 책의 주제가 무엇이며, 어떤 내용이 어떤 방식으로 구성되어 있는지 파악할 수 있다.

내가 강조하는 것은 '이론'으로서의 책 읽기가 아니라 '적용'으로서의 책 읽기이다. 독서 모임을 여러 해 진행하는 동안 아무리 좋은 책이라도 그것이 내 생활에 적용되지 않으면 곧 책 읽기가 지루하고 지치기 쉽다는 것을 발견했다. 그래서 무슨 책을 읽든지 간에 '이 내용이 나와 무슨 상관이 있는가? 이 중에서 내가 적용할 수 있는 내용이 무엇인가?'를 생각하도록 유도하고, 혼자서 생각하기가 어려운 부분은 독서 모임을 통해 이해할 수 있도록 했다. 혼자 읽으면 10퍼센트만 기억되지만 함께 읽고 나누면 40퍼센트 이상 기억할 수 있게 된다.

독서 모임으로 모였을 때의 자세

>

어떤 소그룹에서든지 참으로 치유가 일어나려면 그 사람 안에 도사리고 있는 감정의 무거운 찌꺼기가 걸러져야 한다. 그러나 마음의 두려움을 벗어내고 자신의 문제를 털어놓기까지는 때로 많은 시간이 필요하다. 혹시 모임에서 쉽게 말하지 않으려는 사람이 있을 경우, 인도자는 그 사람에게 억지로 말을 시키려 들기보다는, 남들의 자연스럽게 나누는 이야기를 부담 없이 들을 수 있도록 편안한 분위기를 만들어 주고 친절한 격려의 말을 해주기 위해 노력해야 한다.

그리고 미리 이야기한 바처럼 이 모임은 책을 읽고 지식을 쌓는 것이 목적이 아니라 각자의 상처나 문제의 치유를 얻기 위한 것이므로, 인도자는 항상 책 내용이 생활에 적용이 되도록 배려해서 모임을 이끌어야 한다. 즉 책 내용 자체만 놓고 이야기할 것이 아니라 각 사람의 생활 현장에서 일어나고 있는 일들을 나눌 수 있게 하고, 그 일들과 책의 내용을 접목시키는 시도를 해보는 것이 좋다.

신성회에 참석했던 한 자매는 매우 수줍음을 타는 성격이었는데, 한번은 모임에서 책 한 장의 내용을 요약하는 것도 식은땀이 나고 심장이 두방망이질 칠 정도로 떨린다고 말했다. 그 자리에 모인 사람들은 자기들도 좀 떨린다고 하면서, 그 자매의 어려움을 공감해 주었다. 그리고 왜 떨릴까를 놓고 이야기를 나누었다. 잘 발표해서 사람들의 인정을 받고 싶은 작은 바람 때문이 아니겠느냐는 말이 나왔다. 또 지금껏 살면서 남들 앞에서 무언가 발표할 기회가 많지 않기 때문일 거라는 말도 나왔다. 자매는 이렇게 이야기를 나누는 가운데 마음에 안정을 찾는 것 같았다. 그리고 그 후 몇 번을 참석하더니 떨지 않고 말을 잘하게 되었다. 그는 이 일을 통해 완벽주의의 부담에서 다소 해방감을 맛보게 되었다고 했다. 이것은 책 내용을 가지고 상담한 경우는 아니지만, 모임 자체에 참석함으로써 발표력을 계발하게 된 예였다. 다른 몇 사람도 이런 경험을 통해 자신의 생각이나 감정을 표현하는 법을 배울 수 있었다.

책 읽기가 상담으로 발전된 예들은 1부에 이미 소개했다. 여기에서는 자녀 양육에 관한 책을 읽고 독서 모임을 가진 경우를 예로 들어 보자. 자신이 제법 자녀 양육을 잘하고 있다고 생각하던 사람이 있다. 그런데《부모가 변해야 자녀가 바뀐다》(이시형)는 책을 읽으면서 요약을 하다 보니, 자신이 평소에 생각하고 아이들을 대하던 방식과는 아주 다른 이야기가 나온다. 마음속에 갈등이 시작된다. 자신의 생각이 틀린 것인지 저자가 틀린 소리를 하는 것인지 다른 사람들과 이야기해 보아야겠다고 생각한다. 모임 날이 된다. 사람들 사이에 갑론을박이 벌어진다. 그 자리에서 어떤 결론을 얻은 것은 아니지만, 일단 자신의 방법을 유보하고 책에서 말하고 있는 대화법, 즉 일일이 지적하는 대신에 아이를 믿어 주는 대화법을 써 보기로 한다. 그런데 예상 밖의 결과를 얻는다. 이 경우, 모임에서 일어난 갑론을박이 이 사람에게 상담이 되고, 그 사람의 자녀 양육 방식에 처방이 된 것이다. 독서 모임은 이처럼 작지만 의미 있는 변화가 일어나는 장場이 될 수 있다.

4. 독서 모임을 어떻게 진행할까?

처음 모임에서는 책을 읽고 그 내용을 요약해 보는 것이 좋은 연습이 될 것이다. 한 권 전체를 한 사람이 정독하고 요약하는 것은 쉽지 않은 일이다. 신성회에서도 처음에는 각자 한 권을 다 읽기로 했지만, 다 읽기 어려워하는 분들이 있어서 한 챕터씩 나누어 요약해 오기로 했다. 그런데 그것도 부담스러워하는 분들이 있고 혹시 맡은 분이 한두 명 빠지면 누락되는 부분도 생겨서, 인도자가 처음부터 끝까지 다 읽고 오고 나머지 사람들은 책에서 중요하다고 생각하는 부분에 밑줄을 그어 와서 발표하는 식으로 진행했다.

책의 내용을 요약한 다음에는 독후감을 나누면 되는데, 이때 각 사람이 책 내용을 처음부터 끝까지 짚어 가며 말할 경우 자칫 지루해지기 쉽다. 그럴 때는 책을 단원별로 나누든지, 몇 장씩 묶어서 이야기할 수 있도록 하면 좋다. 그리고 이때에도 발표력이 좋은 사람이 시간을 독점하지 않도록 시간 배분을 적절히 해야 한다.

　독서 모임 진행에 관해서는 내가 이야기하는 것보다 직접 진행을 해본 분들의 실제 경험과 조언을 듣는 것이 좋을 것 같다. 신성회는 새로 회원이 된 사람들로 구성되는 기초반 과정, 기초반에서 2년간 필독서를 다 읽은 사람들로 구성되는 연구반 과정, 상담을 거친 후 책을 우송받는 전문반 과정, 이 세 그룹으로 운영했었다. 지금은 그 세 과정은 재조정되어 변했고 전국에 지부별로 독서 모임을 꾸준히 이끌고 있는 분들의 이야기를 들어 보자.

독서 모임의 진행 방식

>

이소라　우리 독서 모임은 좋은 책을 함께 읽자는 취지에서 시작되었기 때문에, 특정한 진행 방법이랄 것이 없었다. 다만 참석자 모두에게 발언할 기회를 준다는 원칙 정도가 있을 뿐이었다. 우리는 별도의 진행자 없이 각자 맡은 장章의 내용을 요약해서 발표한 다음, 그 내용에 대해 자유롭게 하고 싶은 말들을 나누었다. 초창기에는 그런 방식으로도 충분했다. 다만 진행자가 고정되어 있다는 것과, 그 진행자는 과정 중에 읽는 책을 여러 번 읽는다는 것 정도이다. 우리 모임의 특징은 무형식과 자유이다. 정해진 것은 시간, 장소, 책 정도이다. 참석자도 항상 일정한 것이 아니라 새로운 사람이 한두 명 끼기도 하고 나오던 사람이 빠지기도 한다.

모임을 진행할 때 나는 먼저 한 사람이 한 챕터의 요약을 발표하게 한 다음, 회원들에게 질문을 던진다. 자연스러운 대화를 유도하기 위해 실생활과 관련된 질문을 주로 한다. 이 방법은 참석자들이 서로 잘 모르거나 소극적인 성격을 가진 사람이 많을 때 효과적이다. 또 나 자신의 경험이나 느낌을 먼저 이야기한다. 그러면 대개는 공감한다거나 다른 생각을 가지고 있다는 회원들의 대화가 이어짐으로써 자연스럽게 대화가 진행된다.

노현미 우리 모임에는 젊은 쌍둥이 엄마부터 애써 자신을 찾고 더 사랑하고자 애쓰는 20대 아가씨와 대학생 딸을 둔 나이 지긋한 부인까지 다양한 사람들이 모이고 있다. 우리는 먼저 간단한 다과를 나누며 자유롭게 담소를 나눈다. 우리 모임에는 책 이야기 자체보다는 다른 사람에게 말을 많이 함으로써 맺힌 것을 풀려 하거나 책을 통해 자신의 이야기를 솔직하게 드러내기보다는 안전하게 간접적인 효과를 기대하는 사람들이 있었기 때문에, 곧바로 모임을 시작하는 것보다 이렇게 편한 분위기에서 교제하는 것이 더 효과적이라고 생각한다.

나는 모임을 진행할 때 삶의 다양한 필요를 나누는 것과, 책의 내용을 적절히 요약해서 전달하는 것을 균형 있게 하려고 애쓴다. 먼저 책의 전체 주제와 주된 흐름, 강조점 등을 짚은 다음, 각 장별로 간단히 내용을 요약한다. 그러면서 중간중간 느낀 점이나 책과 관련된 고민에 대한 질문을 던져 사람들의 자연스러운 참여를 유도한다. 그리고 간간히 적절한 비판과 다른 관점, 성경적인 조명에 대해 이야기함으로써, 혼자 독서할 때에는 얻을 수 없는 종합적인 관점을 얻도록 노력한다. 무엇보다 중점을 두는 것은 책의 이론과 실제 삶을 연결할 수 있도록 대화를 이끄는 것이다.

진행자의 자격과 역할

>

노현미   학자나 전문가가 아니라도 자신의 문제를 해결하기 위해 책을 읽고 도움을 받은 경험이 있는 사람이라면 독서 모임 진행자로서 충분한 자격을 갖춘 것이라고 생각한다. 다른 사람들의 어려움에 동참하고 이해하려는 마음이 있으면 된다. 그런 마음으로 나의 경험을 먼저 나눌 때 참석자들이 마음을 여는 것을 많이 보았다. 잘 진행하는 능력보다는 이해심이 먼저라고 생각한다.

이소라 진행자는 무엇보다 모임에서 나눌 책의 전체 윤곽을 머릿속에 담아 놓기 위해 노력해야 한다고 본다. 모임을 진행하다 보면 간혹 대화가 곁길로 가기도 하는데 그럴 때 진행자가 그렇게 벗어난 이야기까지도 본문의 내용과 연관시켜서 다시 제자리로 돌아오게 하려면 책의 윤곽을 알고 있어야 한다.

노현미 책의 내용을 파악하고 있으면 중요한 소주제나 책의 일부만 다루고 끝내는 것이 아니라 특히 중요한 부분과 참석자들의 참여가 높은 부분을 집중적으로 다룰 수 있는 이점이 있다. 또 대화가 자연스럽게 나오지 않을 때 적절한 질문을 던질 수도 있다. 때로는 책의 내용을 무조건 받아들여서는 안 될 경우도 있는데, 이때에도 진행자가 내용을 미리 파악하고 있으면 사전에 준비해서 객관적인 비판과 보완을 할 수 있을 것이다.

이소라 진행자는 자신의 박식함을 과시하고 싶은 유혹을 참을 필요가 있다. 대개의 사람들은 지나치게 똑똑한 진행자에게 거리감을 느껴서 말하기를 어려워하기 때문이다. 또 한 사람이 발언할 때 경청하는 본을 보이기, 어떤 말에 대해서도 판단하지 않기, 혹시 잘못된 정보를 가지고 있는 사람이 있으면 수용적인 태도로 알려 주기, 말하기 어려워하는 사람을 격려해 주기 등이 진행자가 해야 할 일이라고 생각한다. 이것은 비지시적 상담에서의 상담자의 태도와 일치한다. 독서 모임은 집단 상담의 한 형태이기 때문이다.

노현미 이 외에도 진행자는 참석자들의 구체적인 필요나 상황에 늘 관심을 가져야 한다. 결국 독서 모임의 목적은 책을 통해 각자의 삶의 문제에 대한 통찰력을 주는 데 있기 때문이다.

독서 모임을 진행할 때 생기는 어려움은?

>

이소라 처음에는 잘 나오던 사람이 나오지 않으면 일단 낙심이 되고, 나의 진행 방식이나 다른 어떤 점이 그 사람에게 만족을 주지 못했나 하는 자괴감이 들곤 했다. 그러나 이 모임의 특성상 도중에 그만두는 사람이 나올 수밖에 없다는 사실을 받아들이게 되었다. 우리 모임은 치유의 목적으로 책을 읽는 것이 가장 큰 이유이기 때문에, 회원이 자신의 정서적 문제나 대인관계의 문제를 어느 정도 해결받았다고 느끼면 더 이상 나오지 않을 수도 있다. 솔직하게 자기 이야기를 해야 한다는 것이 부담스러워서 중단하는 경우도 있고, 자기 문제를 직면하기가 두려워서 나오지 않는 사람도 있다.

또 진행이 어려운 경우는 책을 읽지 않고 (또는 읽지 못하고) 오는 사람이 절반이 넘을 때이다. 이럴 때는 진행자가 일방적으로 강의하듯 말하게 되기 쉽고, 당연히 지루하고 생동감을 잃기 쉽다. 그래서 나는 일부분이라도 꼭 읽어 오시라고 매번 당부한다.

노현미 우리 모임도 주부들이 대다수이기 때문에, 이런 저런 집안일에 밀리다 보면 책을 다 읽고 온다는 것이 항상 어렵다. 하지만 그렇더라도 계속 동기를 부여하면서, 아무리 조금 읽고 와도 격려하며 나가다 보면 조금씩 발전하는 것을 볼 수 있었다. 또 모임 전에 전화를 해서 모임을 상기시키고, 책을 읽도록 격려한다.

성은실 나도 처음에는 한 달에 한 권 책을 읽기가 어려웠다. 내 문제를 해결해야 한다는 절실함이 없었다면 아마 도중에 포기했을 것이다. 한 1년 정도 책을 읽고 나니 비로소 책이 머리에 들어오고 집중력도 생기기 시작했다. 그때까지는 진행자가 다그치지 말고 이해해 주고 격려해 주며 기다리는 자세가 필요하다고 생각한다.

노현미 모인 사람들의 성향이 제각각이라는 것도 어려운 점이다. 예를 들어 다혈질의 사람들은 책 내용보다는 자기가 하고 싶은 이야기와 고민 등을 나누고 싶어 했고, 그것이 안 된 날은 무척 답답해했다. 반면에 우울질이나 내성적인 성향을 지닌 사람들은 자기 얘기하기를 꺼리고 다른 사람들의 말을 듣거나 책 내용 자체에서 도움을 얻으려는 경향이 있었다. 이럴 경우 어떻게 조화롭게 진행을 해야 할지 감이 잘 잡히지 않았다. 결국은 진행자가 잘 인도할 수 있는 방법을 주된 방식으로 택하되, 여러 성향의 사람들이 좀더 잘 참여할 수 있는 방식을 보완적으로 채택해야 한다고 본다. 나는 책 내용에 중점을 두어서 내용을 요약하고, 그 내용 안에서 토론하고 느낌과 적용과 고민을 나누는 방식을 택했다.

이소라 읽을 책을 선정하는 것도 어려운 문제이다. 처음에는 전문적인 지식을 가진 다른 사람의 추천을 받고 그대로 읽었는데, 책 목록이 쌓여가면서 중복되는 내용도 생기고 우리 모임의 특성과 맞지 않는 책들도 소개받게 되었다. 그래서 추천을 받으면 일단 몇 사람이 먼저 읽어보고 나서 다른 사람들에게 권하는 방법을 택했다.

노현미 갑자기 새로운 사람들이 참여할 때 잠깐 어색한 분위기가 생길 수도 있다. 그럴 때 새로 온 사람이 부담 없이 마음을 열고 참여하며 기존에 있던 사람들도 환영하는 마음으로 나눌 수 있도록 분위기를 이끌기가 어렵다. 이런 경우에는 이야기를 나누기 전에 짧게라도 서로 소개하는 시간을 가지는 것이 좋은 것 같다.

모인 사람들 사이에 갈등이 생길 때는?

>

이소라 우리 모임의 경우 구성원 중 한 사람이 다른 사람들에게 무엇을 팔려고 하거나 돈을 꾸어서 경제적 이해관계가 생길 경우에 갈등이 생겼다. 처음부터 그럴 생각으로 참석한 것은 아니겠지만, 일단 이런 일이 있고 나니 서로 간에 좋은 감정을 되찾기가 어려웠다. 또 비교적 친한 사람들이 함께 참석할 때도 문제가 생기는 것 같다. 두 사람 사이에 있었던 섭섭함과 오해가 모임을 통해 표출되면서, 오히려 더 화해하기 어렵게 된 경우가 있었다.

노현미 이야기를 나누다 보면 의견 차이가 논쟁이나 언쟁으로 발전할 때가 있는데, 이런 충돌은 서로에게 감정적인 상처를 입히거나 그로 인해 분위기를 갑자기 어색하게 만들곤 했다. 나는 이럴 때 중립적인 태도를 가지고 양자의 생각을 모두 공감해 주며, 그 요지를 다시 요약해 말함으로써 서로의 입장을 이해하도록 유도하려고 했다. 나이가 지긋하고 경험 있는 다른 구성원이 있으면 화해와 이해를 이끄는 데 도움이 된다.

독서 모임의 유익

>

성은실 꾸준히 책을 읽는다는 것은 단기간의 세미나에 참석하는 것보다 훨씬 효과적이다. 세미나는 들을 때는 좋지만, 깨달음도 그때뿐이고 지속적인 훈련으로 이어지지 않기 쉽다. 그러나 다른 사람들과 더불어 계속 책을 읽는 것은 자기 훈련이 된다.

이소라 우리가 읽는 책들은 전문서적보다는 쉽지만 일반 교양도서보다는 좀 어렵다. 따라서 진행자가 여러 번 읽어도 소화하지 못하는 부분이 있다. 그래도 우리가 이해하는 범위 내에서 실제 삶과 관련된 이야기들을 나누기 때문에 모임이 끝날 무렵에는 거의 예외 없이 뿌듯한 마음이 된다. 새로운 것을 배우는 기쁨과 나를 표현하는 기쁨, 대화를 통해 형성되는 기쁨을 맛보기 때문이다.

우리 모임에서는 존 포웰이 말한 대화의 다섯 가지 차원 중에 4차원, 즉 자기 감정을 표현하는 데까지는 항상 대화가 진행된다. 우리 모임에 온 사람이라면 누구나 자신의 생각과 느낌을 솔직히 표현해도 판단이나 비난을 받지 않을 것을 알기 때문이다. 이런 자유로움이 우리에게 해방감을 주기 때문에 우리는 모임 날짜를 손꼽아 기다린다. 지금 나는 나와 비슷한 문제로 씨름하고 있는 사람들과 대화하며 피차 위로와 격려를 아끼지 않는 것을 최대의 기쁨으로 여기며 살고 있다.

위에서 이미 이야기되었지만 독서 모임을 계속해 나가려면 서로 간에 끊임없는 격려가 필요하다. 책을 읽는다는 것은 대개의 참석자들에게 낯선 일이고, 자신의 고민을 남들 앞에 공개하는 것도 쉬운 일이 아니다. 더구나 책의 내용을 그 고민에 적용할 수 있게 되기까지는 사람에 따라 오랜 연습과 시간이 필요한 법이다.

즉각적이고 직접적인 해결이나 변화가 없을 때 참석자도 낙심할 수 있고, 진행자도 혹시 자신의 능력 부족이 아닐까 회의할 수 있다. 그러나 나의 경우 단 한 사람도 포기할 수 없는 소중한 영혼이라는 확신이 있었기 때문에 오랜 기간 기다릴 수 있었고, '때가 이르매 거두는' 축복을 받았다.

얼마 전 신성회 독서 모임에 2년 넘게 참석한 한 분이 편지를 보내 왔다. 지금 당장 책 읽기가 힘들고 몰입이 안 되는 분들에게 격려가 되었으면 좋겠다.

-

처음에 독서 모임에 나갈 때는 '이런 게 무슨 소용이 있나. 내 삶은 진창 속에서 헤매고 있는데……' 하는 부정적인 감정이 섞이면서 조금은 피곤하고도 어려운 시기를 거친 것 같습니다. 일중독에 빠진 목사 남편의 "사모는 이렇게 해야 한다", "사모가 어떻게 그런 소릴 하느냐?", "사모가 그러는 줄 알면 남들이 욕한다"는 말에 가슴이 꽉 막히던 시절이었습니다.

그럴 때 사람들과 만나서 마음을 열고 이야기를
나눈다는 것 자체도 부담스러웠을 뿐 아니라, 솔직한
얘기를 하면 안 될 것 같은 사모의 강박관념 때문에
가기 전부터 피곤해지곤 했지요. 한 가지 다행이라면,
억지로 말을 시키지 않고 원하는 사람만 자유롭게 말할
수 있다는 것이었습니다. '민주적인 분위기'라고 생각은
했지만 그래도 여전히 저의 마음은 냉소적이었습니다.
다른 분들이 고민을 얘기하면 '별 심각하지도 않은
일로 엄살을 떤다'는 생각이 들면서 오직 제 삶만
극도로 비참해 보였습니다. 나의 삶은 이렇게 꼬이고
답답한데, 나는 당장 이런 상황에서 도망가고 싶은데,
이렇게 시간과 정성과 많은 생각을 요구하는 독서를
통해 어느 세월에 변화를 볼 수 있을까? 아니 변화라는
게 가능하기나 한 일일까? 회의가 꼬리에 꼬리를
물었습니다. 결국 저는 독서 모임은 한 번 가 본 것으로
족하니 책이나 받아 보자는 쪽으로 한 발 물러서고
말았지요.

비록 한 달에 한 권이지만 사실 가정주부가 책을
정독하기에 쉬운 일은 아니었습니다. 그 주제들이 자녀
교육이나 가정 문제처럼 와닿는 것들이 아니었다면

재미있게 읽지 못했을 것 같습니다. 하지만 아무래도 혼자 읽다 보니 제대로 못 읽을 때도 많았고, 늘 생각이 내 안에만 머무는 것 같아 다시 용기를 내서 독서 모임을 찾았습니다. 혹시 못 읽고 간 날에도 진행하시는 분이 요약을 잘해 주셔서 도움을 얻을 수 있었지요.

첫 1년은 항상 갈까 말까 갈등하는 시기였습니다. 그래도 빠지지 말고 나오라고 격려의 말씀과 깊은 관심에 용기를 내고 심호흡을 하며 한 달 한 달 참석하다 보니, 조금씩 마음도 열리고 다른 사람의 이야기에 공감을 느끼게도 되었습니다. 그것이 벌써 2년이 넘었네요. (중략) 이제 더 열심히 읽고 나누고 배워서 저보다 더 힘들고 어렵고 눌린 영혼들에게 소망과 기쁨을 주는 역할을 감당하고 싶습니다. 처음에는 독서 모임에 가는 것을 불안과 의심의 눈초리로 보던 남편이 지금은 직접 데려다주고 데리러 온답니다. 정말 많이 변화되었지요? 여기에만 다녀오면 행복해 보이는 제 모습이 남편도 싫지 않은가 봅니다. 한 달간 쌓인 감정의 쓰레기들을 독서 모임에 가서 여과 없이 쏟아 놓아도 흉보지 않고 같이 공감해 주고 격려해 주고 아파해 주던 아름다운 사람들이 있었기에, 이렇게 비전을 가지고 정체성을

가지고 당당하고도 행복하게 살 수 있게 되었다고 감히
말씀드리고 싶습니다.

3부 체험형 독서 모임 워크북

3부   체험형 독서 모임 워크북

1. 워크북 활용에 대한 안내

구체적 진행 방식

>

【1】10분간 간단히 친교를 나눈 뒤, 책 소개나 저자에 대해 알아본다.

【2】요약을 읽을 때 한 사람이 혼자 읽지 말고 다 참여해서 한 문단씩 돌아가며 나누어 읽고, 중요한 부분을 줄을 그어 가며 읽는다.

【3】한 시간 정도 요약을 마친 뒤에는 잠시 10분 휴식을 취하고 곧 적용 질문을 나눈다.

【4】한 사람이 너무 길게 나누지 않도록 종료시간을 두 손가락으로 표시해 주며 진행한다.

【5】질문에 답을 하시는 분이 다른 주제로 넘어갈 때는 한 손가락으로 표시해 준다.

【6】끝으로 독후감을 읽은 후, 몇 사람이 간단히 독후감을

나누고 대화를 마무리한다.

시간 배정

>
전체 독서 모임 시간은 두세 시간 이내로 한다(다른 약속 시간을 배려).

도입 부분(10~15분)
【1】독서 상담사는 이 모임에서 지켜야 할 사항인 비밀 유지, 시간 지키기, 비판·충고·끼어들기 금지, 주제에 벗어난 이야기 하지 않기, 대화 독점하지 않기, 경청하기 등을 미리 이야기한다.
【2】시작하기 전에 간단히 각자 1분 정도 이 시간 참여하는 느낌 또는 소감을 나눈다.

본론 부분(2시간)
【1】적합한 시나 자료가 있으면 함께 나누고 책에 대해서 나누어 본다(저자 소개, 책 표지 그림, 제목 등).
【2】워크북의 책 내용 요약을 회원들이 한 문단씩 돌아가며 읽는다.

【3】적용 질문을 인도자가 대화를 나누는 형식으로 진행
해 나간다.
【4】독후감을 읽은 뒤 각자의 독후감도 나누어 본다.

마무리 부분(10~15분)
독서 상담사가 참석한 사람들과 배운 점, 느낀 점을 나누
며 마무리한다.

2. 책 읽기를 통한 치유 실전

《나를 사랑하게 하는 자존감》
이무석 저, 비전과리더십, 2009
양은진

저자 소개

>

정체성을 잃고 방황하는 현대인들에게 정신 건강의 중요성을 강조하는 이무석 박사는 전남대의대 정신과 교수이며 국내에 5명뿐인 국제 정신분석가이다. 정신분석학의 재해석을 통해 병든 현대인을 치유하고자 최선을 다하고 있다.

내용 요약

>

자존감이 사람을 살게 하는 원동력이다. 자존감과 열등감은 관점의 문제다. 20년 감옥살이보다 더 괴로운 열등감의 감옥에서 나오려면 자신의 마음을 이해하고 관점을 바꾸면 가능하다.

우리 모두에게는 열등감이 있다

G는 유년기에 가난하고 불행한 가정에서 자랐다. G의 마음에는 '우리 집이 부자라면'이라는 생각과 아울러 성공한 친구의 부모님과 자기 부모님을 비교하며 창피해했다. 살아가며 모든 사람이 자기를 무시한다고 생각했다. 또한 직장과 가정에서 인정받지 못하면 불안해졌다. G의 마음속에는 가난 열등감에 빠진 '마음속의 아이'가 살고 있었다. G의 분노와 불안은 '마음속의 아이'의 열등감에서 나오는 것이어서 늘 두려움을 안고 산다.

이런 G와 사는 아내는 불행하다. G의 부인은 우울증이며 이혼을 요청했다. 이러한 감정은 자녀들에게 심각한 영향을 미친다. 반항적인 아이가 되기도 하고 분노 처리를 제대로 하지 못하여 정신질환에 빠지기도 한다.

낮아진 자존감은 회복될 수 있다. 조건에 상관없이 자신을 좋아해 주고 인정해 주는 경험을 반복하면 가능하다. 긍정적 경험을 반복하면 자신감이 회복된다. 성인기의 성공 경험들을 통해서도 높아질 수 있다.

우리 힘으로 어쩔 수 없는 것에 대한 열등감이 존재한다
선택이 아닌 타고난 조건에 대한 열등감은 외모, 집안, 키와 성기, 벗겨진 이마에 대한 외모 열등감 등으로 이는 마음에 달렸다. 외모 열등감은 주로 다른 사람의 평가에 의해 생기는 경우가 많다. 외모 열등감은 강점과 약점을 인정하는 성숙한 사고방식으로 전환해야 한다.

문제는 '열등감에 사로잡힌 마음속의 아이'가 문제이다. 자신을 지배해 왔던 마음속의 '열등감의 아이'와 '자기 마음속의 공식'을 이해하면 자존감이 회복된다. 자신에 대한 부정적 관점은 대부분 유년기에 만들어진다. 선천적 조건에 대한 열등감을 해결하는 첫 단추는 현실이 나를 이루고 있음을 인정하는 것이다.

현실 인정이 치료의 시작이다. 현실도 감사한 마음으로 받아들일 수 있다. 현실을 인정하는 데는 용기와 자기 성찰, 패러다임의 변화가 필요하다. 타고난 조건이 좋고자 하는 이유는 다른 사람과 비교하여 우위에 서고 싶은 마음이 있기 때문이다. 자신을 알고 사랑하고 다른 사람들도 인정하며 사는 삶이 행복한 삶이다.

과거의 경험 때문에도 열등감이 생긴다

능력, 가난, 학력, 실직, 성폭행, 왕따 경험, 자위행위 등의 과거의 경험으로 인한 열등감이 있다. '나는 무능해, 사람들이 나를 무시할 거야' 등으로 남과 비교하면서 열등감을 느끼며 불안감에 시달린다. 인정받지 못할 때 몹시 불안하다. "현실은 내가 어찌할 수 없는 것이다. 그러나 내가 할 수 있는 것에 승부를 걸자." 인생의 목표를 정하고 몰두하는 것도 열등감 극복의 좋은 방법이다. 자기 성취와 극복을 반복 경험하다 보면 치유가 일어나고 자존감을 높여 준다.

인간에게는 실제적 현실(객관적 현실), 심리적 현실(마음이 만들어 낸 주관적 현실)이 있다. 사람의 마음을 지배하는 것은 실제적 현실이 아니고 심리적 현실이다. 심리적 현실이 열등감에 도달해 있다. 이런 반응을 '자동적 사고'라고 한다. 극복경험을 통하여 관점을 바꾸는 것이 근본적인 치료다. 관점과 행동을 바꾸기 위해서 일기를 써 보는 것도 한 방법이다.

자존감은 성격에 어떤 영향을 미칠까?
불행한 유년기를 보낸 사람은 자존감이 빈약하다. 대인관계나 성격에서 이런 낮은 자존감이 드러난다. 능력 있는 사람이라고 할지라도 완벽주의 성향으로 남에게는 친절하고 자상하나 집에서는 화를 잘 낸다.

성격은 한 사람의 독특한 행동패턴을 말한다. 성격은 성장 과정에서 만들어지는 것이기 때문에 다양할 수밖에 없다. 성격과 자존감의 관계를 분석해 보자. 유난히 자신을 비하하고 자학하는 자학적 성격은 희생으로 자존감을 높인다. 강박적 성격은 주도권이 자존감을 준다. 자기애적 성격은 권력과 돈이 자존감을 준다. 히스테리 성격은 인기와 외모가 자존감을 준다.

또한 낮은 자존감을 가진 사람들은 정신 질환에 잘 걸린다. 의처증, 우울증, 정신분열증, 사회공포증에 잘 걸린다. 자존감이 인격이라는 건물의 기초가 되기 때문이다. 자존감이 높아지면 정신도 건강해진다.

누구나 자존감을 높일 수 있다

나를 보는 용기가 필요하다. 자신에 대한 관점은 유년기 경험이 좌우한다. '마음속의 아이'의 영향 때문에 열등감이 생긴다. 자기 성찰을 통해서 이 아이를 만나 볼 필요가 있다. 자존감을 회복하는 과정은 느리고 힘든 과정이다. 완벽한 인물로 보이려는 노력은 이제 그만하자. 완벽하지 않아도 된다. 우울증의 원인이 자기 비난이다. 완벽하지 않은 자신을 비난만 하지 말고 수고를 인정해 주자. 왜냐하면 인간은 누구나 공사 중이기 때문이다.

인간 자체로서 당신은 소중한 존재다. 한 번 형성된 열등감은 바꿀 수 있다. 조건 없이 나를 좋아해 주고, 인정받는 경험이다. 신앙을 통하여도 자존감을 회복할 수 있다. 변하지 않는 것은 내면적인 자존감이다. 자존감은 대개 유년기에 부모-자식 간의 관계에서 형성되며 대물림된다. 엄마는 아이의 거울이다. 엄마가 아이를 예뻐하고 좋아하면 아이는 자기가 상대방에게 호감을 주는 사람이라는 자존감이 생긴다. 그리고 자존감은 자신에 대한 신뢰에서 온다. 문제를 스스로 해결하고 극복해 본 경험이 자존감에 영향을 미친다.

적용 질문 나누기

>

▸ 당신의 열등감이 배우자와 자녀에게 미치는 영향은 무엇인가요?

▸ 당신의 타고난 조건에 의한 열등감은 무엇인가요?

▸ 당신에게 열등감을 느끼게 한 사건은 무엇이었나요?

▸ 어떻게 열등감을 극복했나요?

▸ 자존감을 유지하는 방법은 무엇인가요?

독후감 나누기

>

책을 읽으며 '남에게 잘 보이고 싶은 마음이 있는 나'를 발견했다. '있는 모습 그대로의 나'를 수용하고 지지해 주는 용기를 갖기로 결심했다. 지금부터가 시작이라는 마음으로 목표를 세워 성취경험도 늘려 가고 싶다.

나는 나에게만 있는 열등감인가 싶어 걱정스러웠다. 그런데 '우리 모두에게 있는 열등감'이라는 표현이 안심이 됐다. 유년기에 할머니와의 삶은 무조건적인 사랑을 받았지만 가슴에 구멍이 하나 있는 느낌이었다. 엄마와 떨어져 살며 엄마의 따뜻한 시선을 받지 못해서였다. 이는 완벽하게 살아 인정받고 싶은 욕구로 나타나 '남이 보는 나'를 살고 있었다.

이제는 당당하게 스스로 나의 자존감을 회복해야겠다. 현실을 인정하고 '나를 위로해 주기'로 선택했다. 성격이 예민하여 사소한 사건에도 자기 비난이 이어졌는데 자기 비난이 바로 우울증으로 이어진다는 것을 알았기 때문이다. 나는 '공사 중'이라서 실수를 한다. 실수한 나를 인정하고 받아들이고 싶다. 그리고 더 건강하게 살기 위한 자기 평가를 하여 나를 사랑하고 타인을 사랑할 줄 아는 행복한 사람이 되고 싶다.

《비밀》
폴 투르니에 저, IVP, 2005년
이소라

저자 소개

>

스위스 제네바의 내과의사이자 정신의학자이며 인격적
만남의 중요성을 강조하여 의술과 인간 이해와 종교가 결
합해야만 전인적 치유가 가능하다는 '인격 의학'을 주창
하고 심리학과 성경적 기독교의 통합을 시도한 작가이다.

내용 요약

>

비밀을 가져야 할 이유

어린아이가 최초로 비밀을 가지는 순간이 온다. 출생 시
에 아이는 엄마의 일부이고 어느 정도 자랄 때까지도 엄
마에게 비밀이 없으며 비밀이 무엇인지도 모른다. 개인이
되기 위한 독립의 길에 비밀은 필수적인 도구이다. 부모
와 구별된 존재라는 자각은 비밀을 간직할 자유와 비례한
다. 비밀을 갖는 것은 한 개인의 형성에서 첫 단계를 이루

는 행동으로, 더 이상 엄마의 자식이 아닌 한 개인이 되어야 할 필요를 나타낸다.

비밀을 가질 때 아이는 자신이 새로운 힘을 가졌다고 느낀다. 비밀의 힘은 상대가 모르는 것을 갖고 있다는 느낌에서 온다. 비밀은 보복의 수단이 되기도 하고 상상력을 발휘하는 수단이 되기도 한다. 어른들은 성에 대한 비밀을 갖고 있고, 종교와 사회도 저마다의 비밀을 갖고 있다.

개인에 대한 존중

고전비극과 탐정소설에는 비밀이 포함되어 있다. 사생활에도 비밀이 있고 요리에는 비법이 있다. 창조적 작업에도 비밀스러운 순간이 있다. 사랑에 빠진 사람들은 자신의 사랑을 비밀로 할 때 더 친밀해진다. 끝까지 비밀로 남는 사랑도 있다.

아이가 비밀을 갖는 것에 대해 분노하고 반감을 갖는 부모가 있다. 모든 것을 말하라는 부모의 압력에 아이가 반응하는 두 가지 방법은 반항과 순응이다. 순응하는 아이는 발전을 멈추고 머뭇거리며 소심해진다.

비밀을 가질 권리는 인간의 기본적 특권이다. 인간이 더 이상 종족의 구성원이 아닌 주체적인 개인이 되기 위해서는 비밀을 가질 필요가 있다. 모든 인간존재는 자신의 생각을 정리하기 위해 비밀이 필요하고, 타인은 그의 비밀을 존중해야 할 필요가 있다. 전체주의 체제는 개인을 경멸하며 개인의 비밀도 경멸한다.

비밀을 털어놓음

비밀을 간직하지 못하는 자는 자유롭지 못하나 비밀을 털어놓지 못하는 사람도 마찬가지로 자유롭지 못하다. 우리는 먼저 한 사람의 개인이 되지 않고서는, 자신이 속한 종족이나 가족으로부터 자유롭게 되지 않고서는, 비밀에 대한 권리를 가지는 자신만의 독립성을 인식하지 않고서는, 한 인격체가 될 수 없다. 한 인격체의 성숙성에 대한 평가 기준은 그가 가진 자유에 있다.

자신을 내어주기 위해서는 먼저 자기를 소유하는 것이 필요하다. 그러나 만약 자신을 내어줄 수 없다면 자신을 소유한다는 것은 전혀 유용하지 못하다.

동물에게는 본능적인 반사행동만이 있고, 인간은 자신의

반응과 그 반응의 시기를 선택할 수 있는 능력이 있다. 그 내부에 자유가 결여되어 있음으로 해서 말하지 말아야 할 것을 말함으로써 타인의 지배 아래로 떨어질 수 있다. 반면 참으로 개인적인 무엇을 표현하지 못하는 폐쇄적인 사람들은 정신적 고독이라는 감옥에서 벗어나지 못한다.

성 프란시스는 1만 명 중 한 명을 고백의 대상으로 선택해야 한다고 말했다. 남의 비밀을 듣게 되면 그때부터 큰 책임이 생기게 된다. 만약 자신이 밝힌 비밀이 지켜질 것이라고 확신하게 되면 그 사람은 주목할 만한 내적 해방을 얻을 것이다.

정신 치료와 비밀

비밀 공개와 죄의 고백은 자신을 발견하기 위해 자신이 지고 있는 짐을 벗는 것이다. 성직자들은 인간적인 문제의 중요성을 간과하는 오류를 저질렀다.

건강한 사람도 아픈 사람과 마찬가지로 비밀을 말함으로써 우리 모두가 필요로 하는 인간적 친교를 경험하는 것이 필요하다. 부모에게 말하지 않았던 비밀들을 의사에게 털어놓고 자신이 지고 있던 짐을 내려놓음으로써 환자는 부모로부터 자유로워진다.

꿈은 우리 자신에 관한 것이지만 그동안 알지 못하던 우리의 비밀을 무의식적 자아가 의식적 자아에게 속삭여 주는 통로이다. 모든 꿈은 어떤 비밀보다도 더 풍성하고 신비한 비밀을 드러낸다.

결혼생활과 비밀

사랑은 기적을 만들어 낸다. 사랑을 하고 있고 또 사랑을 받고 있다고 느끼는 사람은 자신을 표현할 수 있다. 약혼한 한 쌍은 마치 환자가 정신치료사에게 하듯 그들의 삶을 서로 나눈다.

사랑의 초기 단계에서 생기는 열정에 휩싸여, 서로의 실제 모습보다 이 세상 속에서 서로가 원했던 모습으로 상대를 보는 투사가 일어난다. 시간이 흐르면서 두 사람은 평화 유지를 위해 각자 자기 속으로 움츠러들어 평범하고 비인격적인 사실만을 말하게 된다.

돈 문제와 관련해서 서로에게 비밀이 없어야 한다. 한 사람이 소비한 돈은 그가 개개의 사물에 부여한 가치의 지표이기 때문이다. 남편과 아내는 상대에게 몰래 탐지당한다고 느껴서는 안 되며, 상대방에 대해 자유로우며 그에게서 존중받고 있다고 느껴야 한다. 지나친 호기심과 재치 부족은 비밀을 털어놓는 데 걸림돌이 된다.

지나친 밀착은 위험하다. 남편이 혼자 있기 원할 때 그 마음을 존중해 주어야 한다. 부부가 서로를 속박하지 않고도 서로를 발견할 수 있는 왕도는 하나님 앞에서 교제하고 묵상하는 것이다.

하나님의 비밀

하나님은 우리의 모든 비밀을 알고 계시면서도 우리가 직접 그것을 말하기 원하신다. 하나님은 우리의 인격을 존중하시기 때문이다. 하나님은 우리가 하나의 인격체가 되기를 원하신다. 그것이 우리의 반항과 침통함과 불순종을 그분이 존중하시는 이유이다. 오직 그러한 과정을 거친 뒤에야 우리의 순종과 고백과 경배가 진정한 것이 될 수 있다.

계시란 하나님이 스스로 자신의 비밀들을 전달하시는 것이다. 만약 하나님이 자신의 비밀을 우리에게 말씀하시지 않았다면, 우리는 그분의 자비로우심과 의도와 사역과 계획을 결코 알 수 없었을 것이다. 하나님이 말씀하시는 상대는 전체로서의 인류도 아니고 위대한 선지자도 아니다. 그분은 우리 각자에게 말씀하시며, 우리 한 사람 한 사람에게 개인적으로 관심을 기울이신다.

정신 치료나 결혼은 하나님과의 친밀감을 예시하는 것이다. 이 세 가지 상황의 유사점은 물러섬과 내어줌, 거절이 있은 다음 자신을 내어준다는 것이다.

하나님은 우리 각 사람을 위한 계획을 매순간 가지고 계신다. 하나님의 계획이란 바로 하나님이 갖고 계신 비밀이다. 묵상이란 하나님이 우리 마음의 비밀스러운 곳에 속삭이실지도 모르는 비밀을 은밀하고 참을성 있게 기다리는 것이다.

적용 질문 나누기

>

▸ 사람들은 자신의 비밀을 털어놓을 대상으로 주로 어떤 사람을 택하나요?

▸ 관심과 호기심의 차이는 무엇이라고 생각하나요?

‣ 우리는 왜 어머니에게 털어놓지 않는 것을 친구에게는 말할까요?

‣ 내 인생에서 첫 번째 비밀이 생겼던 경험은 무엇이었을까요?

‣ 부부라 해도 지나친 밀착이 위험한 이유는 무엇인가요?

독후감 나누기

>

나는 이 책을 읽으면서 어린아이가 부모에게서 독립하고자 하는 욕구가 자연스럽고 건강한 것임을 깨달았다. 그 결과 내 부모가 나의 삶을 감독하고 통제한 것이 진정으로 나를 위한 것이기보다는 그분들의 미성숙과 불안의 발로에서 나온 행동으로, 스스로 필요한 사람이 되고자 하는 욕구를 만족시키기 위함이었다는 것을 알게 되었다.

나의 부모는 심지어 내가 결혼하여 가정을 꾸린 후에도 나를 도와준다는 이유로 나의 삶에 깊이 개입하였다. 착한 아이는 부모에게 비밀을 가져서는 안 된다는 모종의 계율에 복종하며 나이 마흔이 될 때까지 나의 모든 생활을 낱낱이 고해바쳤던 결과는 부모님에 대한 적개심과 나자신의 낮은 자존감이었다.

원가정에서 건강한 부모자녀 관계의 모델을 접하지 못한 나는 내 자녀와 건강한 관계 맺는 방법을 몰랐었다. 내 부모의 양육방식이 싫었으면서도 그것을 답습하고 있는 나 자신이 더 싫었다.

아이가 비밀을 하나씩 만들어 가면서 개인이 되어 간다는 저자의 이야기는 늦게나마 부모님이 모르는 비밀을 만들고자 하는 용기를 내게 해주었고 오랜 세월 나를 짓누르고 있던 죄책감에서 자유하게 해주었다. 뿐만 아니라 내 아이들이 시행착오를 거치며 자신의 길을 걸어가는 것을 믿음으로 바라볼 수 있는 여유를 만들어 주었다.

《백년을 살아보니》
김형석 저, 덴스토리, 2016년
권영희

저자 소개

>

1920년 평안남도 대동에서 출생하여 일본 조치대학교 철학과를 졸업하고 연세대학교 철학과 교수, 시카고대학교와 하버드대학교의 연구 교수를 역임하였다. 대한민국 1세대 철학자인 저자는 많은 제자를 길러 내고 끊임없는 학문 연구와 집필에도 심혈을 기울였다.

내용 요약

>

이 책은 한국에서 1970년대에 수필로 많은 사랑을 받았던 연세대 철학과 교수였던 김형석 교수님의 백 년 가까운 삶을 보여 준다. 평생을 지식인으로서 기독교인으로서 건전하고 모범적으로 사시다가 이제 삶의 종착역에 서셔서 '60이 되기 전에는 모든 면에서 미숙했다'는 사실을 인정하셨다. 그리고 인생의 황금기는 60세에서 75세라고 하신 것이다. 독자는 이 책을 읽는 것만으로도 어떻게 살아가야 할 것인지에 대한 바른 인생관과 가치관을 재정립하게 된다. 그리고 행복, 결혼, 가정, 우정과 종교, 돈, 성공과 명예, 그리고 마지막 노년의 삶에 이르기까지 살아가면서 부딪히게 되는 많은 문제에 대한 바르고 지혜로운 조언을 들을 수 있다.

행복론: 똑같은 행복은 없다

행복의 차원을 높이기 위해서 정신적 가치와 선하고 아름다운 인간관계가 중요하다. 그리고 주어진 재능과 가능성을 유감없이 달성한 사람은 행복하고 성공했다고 여긴다. 또한 행복은 감사하는 마음에서 생기는데 조국인 대한민국에 대한 감사를 하고 대한민국을 위해 한 일이 무엇인가 생각하자. 구십 넘어 자신을 위해 남기고 싶은 것은 다 없어지고 오직 한 가지 남은 것이 있다면 더 많은 사람에게 더 큰 사랑을 베풀 수 있었으면 감사하겠다. 다 떠나고 나니 사랑이 있는 고생만 남지만 그래도 사랑하기 위해 살았다. 인생이란 무엇인가, 나는 사랑한다. 그러므로 내가 있다는 명제가 적절한 대답이다. 되도록 남에게 적게 받고 더 많이 베풀면서 사는 것이 좋겠다.

결혼과 가정 : 사랑 있는 고생이 기쁨이었네

남녀가 사랑해서 결혼하고 가정을 갖게 되면 그 가정적 의무와 책임은 자녀를 키우고 부모의 희생을 통해 인간적인 성장을 하는 것이다. 애욕에서 애정, 인간애(자녀를 향한 사랑)로 발전하여 남녀 중심에서 부모자녀 중심으로 변화하면서 사랑의 눈물을 흘리며 사랑의 승화를 경험하게 되는 것이다. 자녀들에 대한 의무와 책임 때문에 남편과 아내의 도리를 저버릴 수 없다. 상대방이 위해 주기만 바라고 내가 먼저 위해 주고 싶다는 생각이 없는 이기적인 사람은 결혼할 자격이 없다. 자녀는 결혼생활의 열매다. 열매는 이웃과 사회를 위해 베푸는 사랑의 확장이 된다. 열매는 많을수록 좋다. 2남4녀의 자녀가 있었고 23년간 앓던 아내를 84세 때 사별했지만 23년간의 병수발 기간이 4, 5년같이 짧게 여겨진 이유는 수십 년간의 애정과 가정의 사랑이 인간애로 승화된 까닭이다. 사랑은 무엇인가. 먼저 위해 주는 것이 사랑이다. 사랑이 있는 마음은 아름답다. 그리고 아름다운 여성이란 외모보다는 마음과 삶의 방향이 아름다운 것이다. 그리스도의 정신과 더불어 봉사하는 가정이 되어 자녀가 자연스럽게 성장하도록 돕는다. 간섭과 강요, 욕심보다 부모의 지혜가 필요하고 지혜보다 귀한 것은 자녀들의 일생을 위한 사랑이다.

우정과 종교: 운명도 허무도 아닌 그 무엇

북한 고향에서 어렸을 때부터 알았고 사랑했고 존경했었
으나 이념이 달라지면서 헤어지게 된 친구들이 있었다.
또 존경스러운 인품과 성격을 가진 철학계의 친구 안병
욱, 김태길 교수와는 사랑이 있는 선의의 경쟁으로 학문
과 사회를 위해 더 많은 도움을 줄 수 있도록 서로 위해 주
는 좋은 우정을 쌓았다.

과거에는 자신을 믿고 스스로의 인생관과 가치관을 갖고
살았으나 예수를 알고부터는 그의 교훈과 삶의 내용을 나
의 가치관과 인생관으로 삼고 살겠다는 엄숙한 선택을 했
다. 그 어떤 스승이나 존경하는 어떤 사상가의 교훈보다
예수의 교훈 이상이 없고 사회적 희망을 안겨 주는 가르
침이 없기 때문에 예수를 버릴 수가 없었다. 우리의 삶은
역사의 운명적 수레바퀴가 굴러가는 안에서 자유를 찾아
가는 순례의 길인 것 같다. 그렇게 운명으로부터의 자유
는 소중한 것이다. 지혜로운 사람이라도 허무주의와 회의
주의의 울타리를 넘어설 수가 없다. 그렇게 운명과 회의
와 허무가 전부라면 인간과 삶의 의미는 어떻게 되는가?
제3의 삶의 길은 없는가? 구약과 신약의 역사는 허무도
운명도 아니다. 섭리의 길이다. 성경은 섭리에 대한 인간

의 해석이다. 섭리의 주관자는 자연과 인간을 떠난 제3의 실재다. 종교적 신앙을 가진 사람은 나와 신, 세계역사와 신의 관계를 떠날 수 없어서 그 관계를 섭리라고 본 것이다. 우리는 스스로의 삶에서 그 섭리에 해당하는 체험을 쌓아온 것이다. 지금도 수많은 신앙인들이 같은 은총의 체험인 섭리 속에서 살아가고 있다. 섭리를 성령의 역할이라고 생각한다. 우리가 그 뜻을 받아들일 수 있고 또 체험한다면 우리는 또 하나의 삶의 질서인 은총의 질서를 수용할 수 있을 것이다. 종교적 신앙은 인생의 마지막 물음에 대한 해답이다.

돈과 성공, 명예: 무엇을 남기고 갈 것인가

모든 도덕과 윤리의 목표는 생명에 대한 경외심이다. 한 알의 밀알이 떨어져 썩으면 많은 열매를 맺는다. 더 많은 생명과 인간다운 삶을 위하여 희생의 제물이 되자. 많은 사람이 인간답게 살 수 있도록 도움을 주고 싶다. 예수와 위인들은 한 사람, 한 사람 인간을 사랑했다. 사랑의 뜻이 너무 컸기 때문에 우리 모두가 짊어져야 할 사랑의 짐을 대신했고 인간이 겪어야 할 고뇌의 짐을 대신하려고 노력했던 분들이다. 우리는 예술이나 학문의 업적은 남길 수 없어도 이웃에 대한 사랑의 봉사는 할 수 있고 하고 있다. 가난하고 병든 이웃에게 따뜻한 정은 나누어 줄 수가 있다. 무엇을 남기고 갈 것인가? 사랑을 나누어 주는 삶이다.

노년의 삶: 늙음은 말없이 찾아온다

인생의 황금기는 60에서 75세이다. 사람은 성장하는 동안은 늙지 않는다. 40대만 되면 공부에서 손을 놓아버리고 성장을 포기하는 젊은 늙은이들에 대한 안타까움이 있다. 노년기 80세쯤 평가의 시기가 온다. 나는 성공했는가? 지금도 스스로 행복하다고 인정할 수 있는가? 그래도 존경스러운 삶을 이어왔는가? 스스로 쓸모없는 인생을 살았다, 사회로부터 버림을, 자식으로부터 버림을 받았다고 생각을 할 수도 있다. 창의적인 성장은 80세까지도 가능하지만 너무 일찍 성장을 포기하는 젊은 늙은이들이 많다. 50에서 80까지는 삶의 조각품을 완성해야 한다는 준비와 계획과 신념과 꾸준한 용기를 가지고 제2의 마라톤을 달리는 각오로 재출발해야 한다. 언제까지 살아야 하나? 이웃사람들에게 작은 도움이라도 줄 수 있을 때까지 살고 장수보다는 좀 더 오래 많은 일로 봉사할 수 있을 때까지 살았으면 좋겠다.

건강 자체가 인생의 목적이 아니지만 장수의 비결이라면 건강에 자신이 없었기 때문에 신체적 과로나 무리는 하지 않았다. 신체적으로 절제하여 할 수 있는 일의 90퍼센트만 한다. 수영 30-40분, 걷기 50분 정도, 이 층 오르내리기를 한다. 건강을 챙기는 것은 일을 하기 위해서다. 일을 사랑하는 사람들이 건강하고 장수하는 편이다. 신체적 건강과 정신적 건강, 인간적인 건강을 위해 사명감을 갖고 긍정적으로 산다. 일을 사랑하고 위한다. 인간은 늙어 가는 것이 아니라 익어 가는 것이다. 96세까지 강의를 하게 된 것은 열심히 배우고 공부했기 때문이다. 노년기는 이렇게 사는 것이 좋겠다는 모범을 보여 주는 책임이 있다. 저 어른같이 늙었으면 좋겠다는 소리를 들어야 한다. 나이 들수록 더 많이 사랑해 주고 위하는 마음을 가지고 있으면 그것이 존경받는 노년기 인생이 된다. 그리고 직업귀천과 남녀노소를 막론하고 상대방을 대접하고 인격을 고귀하게 대해 줄 수 있는 교양, 그 이상의 자기수양은 없다.

나이가 들어도 외모와 옷차림에 신경 쓰고, 항상 미소와 온화한 인상으로, 질서 지키기와 감사하는 태도로 살고, 자녀들에게 존경받고, 이웃과 더불어 즐거워하고, 사회적으로는 고마움을 받으며 살면 이상적이다.

적용 질문 나누기

>
‣ 현재 가장 좋아하고 잘하는 일은 무엇인가요?
‣ 인생 최고의 시기는 언제였나요?
‣ 주어진 재능과 가능성을 유감없이 발휘한 경험을 나누어 보세요.
‣ 내가 가장 소중히 여기는 가치는 무엇일까요?
‣ 어떻게 늙고 싶은지 생각해 보고 나누어 보세요.

독후감 나누기

>
98세 김형석 선생님, 건강하게 오래 사시면서 이 책을 출판하여 다시 관심을 받게 되었다. 그러나 그의 삶이 매일 솟아나는 샘물처럼 맑지 않다면 이런 관심을 받기는 힘들 것이다. 사랑의 실천을 하시는 그분이 현재 이 책으로 인해 우리나라에 좋은 영향을 끼치시는 것이 새삼 존경스럽고 고맙다.

이 책의 내용은 어쩌면 이미 알고 있는 내용, 늘 하던 얘기, 보통사람인 우리가 추구하는 그런 삶의 모습이어서 사실 그리 새로울 것은 없었다. 그래도 한번 더 복습하는 의미로 책을 읽는다면 나머지 인생을 더 기품 있고 보람차게 지내지 않을까 한다. 평균 수명 82세, 은퇴하고도 20년 더 살고 또 구십이 넘어 살 가능성이 있는 우리가 무엇을 하고 어떤 생각을 하며 살아야 할지 보여 주는 모범 답안 같은 책이다. 성장을 멈추지 말고 계속 배우고 노력하며, 날마다 새로워지는 인생, 사랑을 나누고 실천하는 삶, 후대에게 의미 있는 삶으로 여겨지는 아름다운 인생. 참으로 본받고 싶다. 단순, 소박, 유머러스한 이분처럼 살고 싶다. 한편으로는 60이 넘어가면서 인생을 마감정리하고 휴식이 필요하다고 늘 마음 다독이고 있는 내가 계속 계획하고 성장하며 익어 가야 한다니 부담이 생긴 것도 사실이다. 하여튼 책을 출판한 97세 때 사모님이 세상을 뜬지 13년이 지났지만 여전히 선생님은 정신적으로 육체적으로 절제되고 조화로운 인생으로 존재하시는 것이 우리에게 귀감이 된다. 후배와 후손들의 존경을 받으며 자신의 삶을 후회하지 않고 행복하게 살아가려면 이 책이 담고 있는 선생님의 인생이 도움이 될 것이다. 원로가 없다고 한탄하는 세대에, 특히 혈기 왕성한 청춘의 황금기를 부러워하는 이들에게는 원숙하고 여유로운 황금기가 도래하지 않았다는 안도감이 충만할 것이다.

저자 소개

>

지도자들을 위한 세미나를 25년 이상 인도해 왔으며, 현재 크리스천 지도자들과 작가들, 연사들을 위한 모임인 CLASS의 회장이다. 기질에 대한 강연과 상담으로 많은 사람의 정서 건강을 증진시키고 위기에 처한 가정들을 회복시켜 왔다.

내용 요약

>

1부: 기질 자가 진단

1부는 각자가 체크한 강점과 약점의 기질 판독을 통해 자기 진단을 하는 것을 소개하고 있다. 기질은 약 2,400년 전 히포크라테스가 연구하기 시작했으며 다혈질, 우울질, 담즙질, 점액질로 구분하고 있다. 우리는 기질 검사지를 사용해서 자신의 기질을 파악하면서 모두가 다른 기질의 사람이라는 것을 알게 된다.

각자의 기질을 통해서 알 수 있는 것은 첫째로 이 세상에 똑같은 사람은 아무도 없다. 둘째로 사람의 외모(겉)보다는 내면(속)이 중요하다. 셋째로 우리 각자는 독특하고 유일하다는 것이다.

우리는 기질을 바꿀 수 없지만 특정한 기질의 자신을 사랑하고, 그 기질에 어울리도록 행동에 변화를 가져올 수 있다. 우리는 자신의 참된 모습을 보기 위해서 다음과 같은 질문을 할 수가 있다. "나는 어떤 기질을 가지고 태어났는가? 나는 누구인가? 나는 왜 이런 반응을 보이는가? 나의 강점은 무엇이며, 어떻게 극대화할 수 있는가? 나의 약점은 무엇이며, 어떻게 극복할 수 있는가?"

이 책을 통해서 우리는 다음의 두 가지를 경험할 수 있다. 첫째, 자신의 약점과 강점을 바로 알아 강점은 더욱 살리고 약점은 다스리는 법을 배운다. 둘째, 다른 사람을 이해하고, 그들은 나와 다를 뿐이며 잘못된 것이 아니라는 것을 인정한다.

2부: 기질의 강점

각 기질의 독특한 면의 특징을 하나씩 보면 첫 번째, 대중적 다혈질은 '사람들의 인기를 끈다, 이야기하기를 좋아한다, 파티를 좋아한다, 피부 접촉을 좋아한다, 무대 체질이다, 호기심이 많다, 무슨 일이든 쉽게 자원한다, 쉽게 친구를 사귄다, 즐거워 보인다' 등의 특징이 있다. 두 번째, 완벽주의 우울질은 '사려 깊고 분석적이다, 재능이 있고 창의적이다, 도표와 그래프와 목록을 좋아한다, 세세한 것까지 신경을 쓴다, 질서 있고 조직적이다, 완벽주의자로서 높은 표준을 갖는다, 사람들을 깊이 염려한다' 등의 특징이 있다.

세 번째, 역동적 담즙질의 특징은 '천성적 지도자다, 잘못된 것은 고쳐야 한다, 의지가 강하고 단호하다, 무슨 일이든지 더 나은 해결책을 찾는다, 목표 지향적이다, 조직적이다, 다른 사람에게 위임한다, 반대에도 굴하지 않는다, 친구가 없어도 외로워하지 않는다, 일반적으로 옳은 주장을 한다, 긴급한 상황에서 더욱 빛을 발한다' 등의 특징이 있다. 네 번째, 평온한 점액질은 '어디에나 잘 적응한다, 겸손하고 온유하다, 태평스럽고 느긋하다, 고요하고 냉정하고 침착하다, 인내심이 강하고 균형 잡힌 생활을 한다,

현실을 즐겁게 받아들인다, 행정 능력이 있다, 문제를 중재한다, 함께 어울리기가 쉽다, 친구가 많다, 다른 사람의 말을 잘 청취한다'는 등의 특징이 있다고 하였다.

3부: 각 기질을 강화시켜 개개인의 약점 극복법

대중적 다혈질의 문제는 꾸준히 지속하지 못하며 너무 말이 많고 자신의 결점을 인정하지 않는다는 약점이 있다. 이를 다른 사람의 말에 귀를 기울이며, 자신의 일에 최선을 다해서 강화하라고 한다. 완벽주의 우울질은 쉽게 의기소침해지며, 다른 사람에게 비현실적인 요구를 하고, 관망하며 늑장을 부리는 약점이 있는데 명랑하게 기질을 강화하며 긍정적인 생각으로 자신의 표준을 낮추라고 한다.

역동적인 담즙질은 자신이 아무것도 잘못한 것이 없다고 생각하며, 다른 사람들을 무시하며, 조종하려고 하는 약점이 있는데 다른 사람이 옳은 것을 인정하고, 사과하는 법을 배우며, 자신에게도 결점이 있다는 것을 차분하게 인정하는 것이 필요하다. 평온한 점액질은 자신의 장점을 드러내지도 약점을 드러내지도 않는다. 저자는 "점액질의 가장 큰 장점은 약점이 뚜렷이 보이지 않는다는 것이다"라고 하는데 점액질은 열정이 없고, 속으로 걱정하며, 우유부단한 약점을 스스로 동기부여를 하며, 자신의 감정을 다른 사람에게 표현하는 법을 배우고, 무엇인가 새로운 것을 시도하는 열정을 가지고 약점을 극복해야 한다.

4부: 기질의 원리

기질의 원리는 독특한 배합을 이루고 있는데 기질의 배합은 자연스러운 배합, 상호보완적 배합, 정반대 기질의 배합의 세 가지 형태가 있다. 자연스러운 기질의 배합은 두 기질 모두 외향적이고 낙천적이며 솔직한 다혈질·담즙질과 모두 내성적이고 염세적이며 부드러운 우울질·점액질의 배합인데 친형제처럼 서로 통하는 기질들이다. 상호보완적 배합은 서로 잘 어울리고 서로 부족한 것을 채워 주는 담즙질·우울질이며 최고의 사업가가 될 수 있다고 한다. 또 다혈질·점액질도 상호보완적 배합인데 남들과 함께 지내기에 가장 좋은 배합이며 다혈질의 유머와 점액질의 안정성이 조합을 이루는 배합이다.

정반대 기질의 배합은 정서적인 면에서 갈등이 심한 다혈질·우울질의 배합이 있는데 다혈질처럼 감정의 기복이 심하고 우울질처럼 상처를 오래 간직하는 배합이다. 다혈질·우울질의 배합은 명랑한 다혈질의 아이가 부모의 학대와 무시로 고통스런 우울질의 가면을 쓴다고 해서 "생존의 가면"이라고도 부른다. 또 다른 정반대의 배합은 '일을 할지 말지'에 대한 갈등을 느끼는 담즙질·점액질의 배합이다. 부부 갈등이 심한 가정에서 성장한 경우 담즙질은 그저 가만히 있는 것을 최상으로 알아 점액질의 가면을 쓰는 생존가면일 경우가 있다고 하였다. 점액질 아이도 부모 중 한쪽이 없는 경우에 집안일에 주도권을 행사하기 위해서 담즙질의 가면을 쓴다.

5부: 기질의 가능성 실현

기질의 가능성을 실현하기 위한 능력의 원천은 기질에 그리스도의 능력을 더하면 긍정적인 사람이 된다. 죄의식에서 자유함을 누리고, 하나님의 자녀가 되는 권세로 영적 에너지를 찾으며, 너희 몸을 드리고, 이 세대를 본받지 말며, 마음을 새롭게 함으로 변화를 받으라고 하는 것이다. 우리의 기질에 대해 연구하면서 우리는 각자 독특하고 유일한 존재이지만 예수 그리스도가 없이는 완전할 수 없다고 한다. 예수 그리스도는 그분의 능력을 힘입어 당신의 약점을 극복하기를 바라시며 우리가 그분을 닮아 간다면 당신의 능력을 더 발휘할 수 있고 약점을 극복할 수 있게 된다. 우리가 자신의 발전을 이루고 싶다면 예수 그리스도의 능력을 힘입어야 하고, 당신의 기질에 그리스도의 능력을 더하면 성공적인 사람이 된다.

적용 질문 나누기

>

- ‣ 나는 누구이며 어떤 존재인가요?
- ‣ 자신의 기질의 강점과 약점은 무엇이 있나요?
- ‣ 자신의 기질의 강점과 약점을 어떻게 조화시킬 수 있을까요?
- ‣ 나의 기질과 타인의 기질을 어떻게 이해하고 적응할 수 있을까요?
- ‣ 이 책에서 가장 인상에 남는 부분은 무엇인가요?

독후감 나누기

>

이 세상에 사는 사람의 얼굴만큼이나 각 사람의 기질은 모두 다르다고 보면 좋을 것 같다. 이 책은 사람의 기질을 히포크라테스가 주장한 4가지 기질에 따라 기질의 특징을 분류해서 자신이나 사람들을 이해하는 데 탁월한 도서라고 볼 수 있다. 어떻게 이런 책이 존재하는지 신기한 생각이 들 정도로, 이 책을 보면서 자신과 가족 그리고 주위의 가까운 사람들을 더 잘 이해하는 데 도움이 되었다.

우선 나 자신을 이해하는 데 있어서 이 책에서 많은 도움을 받았다. 기질 프로필에서 강점과 약점을 체크하면서 파악한 나의 기질은 점액질·담즙질이어서 정반대 기질의 조합이었다. 나는 담즙질의 가면을 쓴 점액질인지, 점액질의 가면을 쓴 담즙질인지는 잘 모르지만 어린 시절에 받은 영향이 성장 후에 받은 것보다 크다는 것에 기초하면 원래 담즙질의 기질을 타고났지만 7남매에서 여섯째라는 출생순위가 나의 담즙질을 발휘하기에는 역부족이었던 것 같다. 지금도 기억이 나는 것은 아주 작은 일이라도 내 위에 존재하는 다섯 명의 언니들이 한마디씩 하면 나는 그냥 아무 말도 할 수 없었던 것 같다. 그래도 어쩌다가 내 주장을 하게 되면 묵살당하거나 무시당하는 것이 나의 성장 가정의 분위기였다. 그러한 영향으로 원가정에서 나의 담즙질을 발휘할 기회가 없어서 점액질의 가면을 쓰고 부모님과 언니들의 말에 순종하면서 지내게 되었던 것으로 보인다.

이렇게 살아가던 중에 남편과 결혼하고 나서 보니 남편은

4남매 중 맏이였으며, 기질은 담즙질·우울질이어서 상호 보완적인 배합이었는데 형제나 가족의 일에 주도적이며, 모든 일에 치밀하고 무슨 일을 해도 철저하게 하며 배려를 꼼꼼하게 하는 성격으로 담즙 우울의 특징을 잘 보이고 있다.

그 외에도 우리의 자녀 세 명이 다 다른 기질을 가지고 있어서 각자가 가진 고유의 기질대로 살아가고 있는 모습을 볼 수가 있었다. 또한 주위에 다혈질의 기질이 풍부한 사람이 있었는데 그 사람의 재미있고 유쾌함이 분위기에 도움이 되지만 끝까지 일을 마무리하지 못하는 점에 대해서 타고난 기질을 생각하며 이해할 수 있었다.

그 전에는 대중적으로 잘 알려진 것 같이 화 잘 내고 목소리 큰 사람에 대해서 다혈질이라고 생각하는 기질에 대한 단편적인 지식만 있었다면 이 책을 통해서 사람들의 타고난 여러 가지 기질에 대해서 다시 생각하고 공부할 수 있는 기회가 되었으며, 다혈질 외에 우울질, 담즙질, 점액질 등 다양한 기질 유형이 있다는 것을 알게 되었다. 이렇게 인간관계에서 다양한 기질의 특성을 적용해 보면서 다양한 사람들에 대한 폭넓은 이해를 하게 되어 대인관계의 폭이 넓어졌다고 볼 수 있다.

사람의 기질을 네 가지로 나눠 보면서 각 기질의 강점을 더하고 약점을 보완하면서 성장을 추구하려고 한다. 온전해지기는 어렵지만, 이러한 기질에 성령의 능력을 더하여 성령충만한 사람이 된다면 각 기질의 강점은 더 극대화되고 성숙한 사람이 될 것이다.

저자 소개

>

서울대대학원에서 상담학을 전공한 후 미국 풀러신학교
에서 결혼과 가족치료학으로 철학박사학위를 받았다. 가
족상담 분야의 국내 최고 권위자로 감정을 제대로 느끼고
표현하는 방법을 알려 주는 책을 펴냈다.

내용 요약

>

아무리 노력해도 행복하지 못한 이유는 가짜 감정으로 살
아가면서 진짜 감정에 무관심했기 때문이다. 우리가 진
짜 감정을 알아봐 주고 보살펴 주면 긍정적 에너지가 되
어 마음이 편안해지고 삶이 쉬워지고 감정이 순화되면서
인생이 풀리게 되어, 감정은 참으로 신기하고 오묘하다는
내용의 책이다.

우리는 왜 감정이 낯설까?

▸ 어린이날 엉망이 된 싸우는 가족: 남편은 상사가 두렵고 아내는 무력감에 빠짐. 자존심을 건드리는 부부싸움은 자신을 비참, 초라한 외로움이 되기 때문에 갈등을 무조건 피하게 된다.

가짜 감정을 느끼는 이유

▸ 감정을 꾹꾹 누르면서 감정을 느끼면 약한 사람이라는 생각으로 감정을 피해서 일로 도망간다.

감정이란 무엇인가?

▸ 감정이 있기 때문에 인간이며, 최초의 감정은 불안감이다. 부정적 감정의 근원은 수치심이다. 그래서 자신을 잃고 타인지향으로 기형적 삶을 살게 된다.

감정을 외면하면 어떤 일이 생기나

▸ 감정이 없는 사람들: 이성으로만 만나려는 사람이다. 감정을 느끼면 약하다고 생각하는 사람들이 발달시키는 방식이다.

▸ 감정만 있는 사람들: 현재 경험하는 감정으로만 표출하며 자신이 원하는 것을 얻으려 한다.

‣ 몸만 있는 사람들: 감정 표현을 못하고 가슴 깊이 묻어 둔다. 수치심으로 인해서 몸이 굳어진 사람들이다. 감정을 제대로 표현하지 못하면 몸도 굳는다.

내 감정은 나의 것
상대방은 내 안의 뭔가를 건드렸을 뿐이고, 내 감정은 상대방이 자극한 감정 덕분에 내가 어떤 부분에서 화가 나고 무엇을 중요하게 여기는지 알 수 있는 것이다. 평상시 짓눌렸던 어떤 감정이 있었는지 오히려 고마워해야 할 일이다.

기천, 진영 부부의 상담 리포트
‣ 진영의 주된 정서는 '외로움'
‣ 기천의 주된 정서는 '두려움'
‣ 들키면 수치스럽고, 외롭다고 하면 초라해 보여 말을 안 하게 된다. 서로 갈등을 힘들어하며, 기천은 자신의 내면에 폭력적 성향이 괴물같다는 생각에 괴로워했다.
‣ 인정하면 자유로워진다. 우리는 모두 부족한 존재이다.

상담을 마치고
결혼으로 충족하려 했던 자기애 욕구와 수치심이 다른 감정을 만들어 낸다. 표면감정, 이면감정, 심층감정인 수치심을 느끼지 않으려다 보니 불안하고 두렵고 드러내지 않으려는 수치심이 서로에게 화를 냈던 이유다. 우리는 모두 불완전하다.

나를 휘젓는 감정, 조절할 수 있다

‣ **1단계** 느낌 알아차리기: 감정이 주는 신호를 이해하자.

‣ **2단계** 느낌 표현하기: 감정을 표현하면 몸도 마음도 풀린다.

‣ **3단계** 내 인생의 주제 찾기: 마음을 보면서 다양한 방어기제를 가지고 산다.

‣ **4단계** 나를 깊이 이해하기

‣ **5단계** 원치 않는 내 모습 수용하기

‣ **6단계** 나를 성장시키는 긴 싸움

‣ **7단계** 새로운 가치관의 탄생: 더 큰 성장을 위해 포용의 가치관

감정 조절을 도와주는 10계명

‣ 오늘 내 기분이 어떤지 물어본다.

‣ 불편한 감정을 환영한다.

‣ 부정적 감정일수록 표현한다.

- 내 감정은 나의 것임을 명심하자.
- 언어에 예민해지자: 사실과 소망을 언어로 표현할 때 이분법보다 통합적 표현
- 감정이 주는 신호를 읽는다.
- 감정 조절의 7단계에 익숙해진다.
- 자신이 작은 존재임을 인정한다.
- 할 수 있는 것과 없는 것을 구분한다.
- 가치관을 바꾼다(사람은 사랑의 대상이요 인간은 환경따라 달라진다).

적용 질문 나누기(5가지 선택)

>
- 당신은 어떤 감정을 느낄 때 싸우게 되나요?
- 당신의 가짜 감정은 어떤 것이 있을까요?
- 당신의 감정을 외면할 때 어떤 일이 생겼나요?
- 내 감정의 주된 정서는 어떤 것들이 있을까요?
- 당신이 부정적 감정을 표현했을 때, 몸과 마음은 어떠했나요?
- 원치 않는 당신의 모습을 당신은 어떻게 수용하나요?
- 주위에 당신의 감정을 조절해 주며 도와줄 사람은 있나요?

‣ 불편한 감정이 주는 신호를 어느 정도 느끼나요?

‣ 당신이 할 수 있는 것과 없는 것을 구분할 수 있나요?

‣ 자신의 가치관을 어떻게 바꿀 수 있을지 나누어 보세요.

독후감 나누기

>

감정을 제대로 표현하지 못해서 인간관계에서 힘들었던 감정의 미숙한 부분을 '가짜 감정'이라는 책의 제목부터 호기심이 일어나 읽기 시작했다. 가짜 감정이 참으로 오묘해서 위장을 하면서 불안한데 화를 내고, 우울한데 즐거운 표정을 짓는다. 진짜 감정을 숨기고 가짜 감정으로 솔직하지 못하게 된다. 그 불편한 감정의 심층까지 따라가다 보니 미로를 들어가는 느낌이 들었다.

결국 나의 수치심을 덮으려고 화를 내는 작고 초라한 모습에 애처로운 느낌이 들었다. 하지만 나의 진짜 감정을 만나는 느낌은 후련하고 속이 시원해지는 자유로움을 느낄 수 있었다.

모든 사람이 작고 못난 존재라는 수치심이 각자 있는데, 이것이 건드려질 때 괴로운 것은 다 똑같다는 안도감까지 느끼게 되었다. 따라서 내 감정 표현에 어떤 감정이든 환영하고 잘 돌보아 주어야 되겠다는 수용성이 솟아오르고 용기도 생겼다.

불완전해도, 부족해도, 외로워도, 그래도 괜찮다. 이렇게 자신을 수용할 수 있는 사람은 다른 사람도 수용할 수 있다. 다른 사람들의 불완전함, 한계를 용납할 수 있게 된다. 인간은 모순적이고 작은 존재다.

내 개인의 부족함을 받아들이는 것이 자신의 한계를 '초월'하는 방법이다. 더 큰 존재가 되려고 애쓰지 않을 때 비로소 자유로워진다.

표면 감정이 가짜 감정이라고 해서 잘못된 감정, 나쁜 감정이라는 소리는 아니라는 저자의 글에서 경직되었던 감정들이 자유롭게 되는 신기함도 느낄 수 있었던 유익한 책이었다.

《혼자 잘해주고 상처받지 마라》

유은정 저, 21세기북스, 2016년

장석경

저자 소개

>

정신과 전문의. 이화여자대학교 의과대학 졸업, 동대학원 의학박사를 거쳐 미국 풀러 신학대학원에서 신학 석사를 받았다. 대한비만치료학회 학술이사, 대한기독정신과의 사회 운영위원. '지금, 여기'에 집중해서 잡념으로부터 자유로워지는 마음챙김 분야에 각별한 관심을 갖고 이를 통한 심리치료 방법을 모색하고 있다.

내용 요약

>

1장. 혼자 잘해주고 상처받지 마라

"나는 왜 상처를 잘 받을까?" 대부분의 독자들도 스스로 이런 질문을 해본 적이 있을 것이다. 상처는 언제나 가장 가까운 사람이 준다. 이제 혼자 상처받는 일은 그만하고, 조금은 이기적이어도 괜찮다. 왜냐면 나 자신을 스스로 존중하지 않으면 아무도 나를 존중해 주지 않기 때문이다. 모든 사람에게 사랑받을 필요는 없으므로, 남이 원하는 게 원칙이 되게 하지 말고, 자기결정권을 가져라. 부당한 대우는 나 자신이 만든 것이다. 나는 나 자신을 보호하고 사랑할 의무가 있다.

2장. 어떤 상황에서도 나 자신을 보호하는 게 먼저다

무기력에 빠지는 이유는, 자기가치를 인정하고 자신을 존중하는 '자존감'이 낮아진 탓이다. 힘들고 무기력할 때, 고독의 시간이 필요하다. 웅크린 시간을 두려워하지 말자. 나 혼자의 시간을 통해 내 마음을 들여다봄으로 '내적인 동기'를 찾을 수 있다. 30대의 인생수업에서는 '제철 커리어'를 쌓은 것이 중요하다. 직장의 업무 경력뿐 아니라 생활 전반의 경험이 중요하다. 혼자 행복할 수 있어야 둘이어도 행복하므로, 나이는 결혼의 기준이 아니다. 나를 잘 파악하고 나의 진짜 욕구를 적어도 반 정도는 채우고 결혼식장에 들어가라.

3장. 자신만의 기준을 만들어 나가는 법

오늘날 많은 여성들이 다이어트 강박과 불안을 안고 살아간다. 인생의 성공은 행복감인데, 타인의 눈을 의식하고 자신에게 야박하다. 행복은 자신을 칭찬하고 타인과 비교를 멈추는 것에서 시작한다. 나의 장점과 매력을 발견하라. '지금 이대로도 괜찮다'는 자기 고양적 편향으로 긍정의 주문을 외쳐 보라.

4장. 세상 모든 관계에는 법칙이 있다

대상을 가려 가며 처세를 달리하는 것은 하수 중의 하수다. 애티튜드가 스펙을 이기기 때문이다. 무조건 애쓰기보다는 내가 바꿀 수 있는 것과 바꿀 수 없는 것을 구별하는 것만으로 대인관계에서의 고통이 줄어들 수 있다. 또한 자신의 '관계 성향'을 안다면 관계패턴을 파악할 수 있다. 편안한 관계를 위해 의존과 집착에서 벗어나 상대의 정체성을 침범하지 않는 '바운더리 메이킹'(Boundary Making)이 필요하다. 관계의 쇼퍼(Shopper)가 되지 말고 자신 있게 선택하고 선택받는 관계가 건강하다.

관계의 집합소인 가족은 가장 가깝지만 이해하기 어려운 사이로서, 서로간의 예의가 필요하다. '부모의 문제'를 '나의 문제'로 착각하지 말 것, 즉 부모의 '과오'를 나의 '상처'로 만들지 말고 내 인생을 잘 지키도록 수용, 승화하는 방법을 선택하자.

5장. 사랑은 상처를 허락하는 것이다

누구나 한 번쯤은 사랑 때문에 힘든 시기를 보낸다. 많은 여성들은 불같은 사랑을 꿈꾸지만, 20대에는 건강한 사랑을 경험해 보는 것이 중요하다. 극도의 몰입연애만 선호하는 여성에게는 잠시 사랑을 내려놓기를 권한다. 잘하는 연애는 서로가 성장하는 관계를 만들어 가는 것이다.

사랑에는 용기가 필요하다. 귀찮고 무섭고 두려워도 꼭 한 번은 해야 하는 그것이 연애이다. 왜냐면 사랑 자체가 불완전한 것이고, 사랑하다 실패해도 상처지만, 포기하는 것도 상처가 된다. 사랑하지 않으면 상처받지 않는다는 생각은 잘못이다. 사랑하면서 이루는 성장은 우리가 일생 동안 이루는 성장과 거의 맞먹는 수준이다. 아파도 사랑을 포기하면 안 되는 이유이다.

사랑은 '관계'라는 카테고리의 하위 개념이다. 사랑에 집착하면 심리적 에너지가 많이 소모되고, 집착의 양에 비해 증오심도 커진다. 관계를 잘 맺는 사람, 그리고 이별을 잘하는 사람이 사랑도 잘한다.

이별도 사랑인지라 버림받았다는 느낌이 들지 않도록 서

로 배려함이 좋다. 사랑하는 동안 친밀한 감정을 교류했다면 그것만으로도 축복이다.

6장. 잃는 것에 민감하고, 얻는 것에 둔감한 당신을 위한 심리 처방전

누구나 가지고 태어난 자신만의 강점이 있다. 친구의 성공을 질투하느라 애쓰기보다 자신의 강점을 관리하는 노력이 필요하다. 강점 발굴을 시작하면 저절로 자신감이 생기고 자아가 건강해지며 어떤 약점과 만나도 흔들리지 않을 수 있다. 본인의 강점을 잘 모를 때 3명의 지인에게 물어보라.

'꿈을 가져라'라는 말로 열정만 강조하는 문화는 다수에게 현재 하는 일의 가치를 발견하지 못하게 만든다. 먹고 사는 생계문제가 꿈보다 우선, 꿈은 판타지가 아니라 밥 그릇이어야 한다. 지금 하는 일이 내 꿈이 아니었어도 절대 무의미한 것이 아니다. 어떤 이유로 선택한 직업이라도 그 안에서 의미를 발견하고 실력을 차분히 쌓는다면 내 삶의 일부가 되는 것이다. 일상을 견디는 삶도 도전하는 삶만큼 위대하다.

적용 질문 나누기

>

‣ 내가 상대의 요청을 잘 거절하지 못하는 이유는 무엇일까요?

‣ 나의 가장 중요한 욕구는 무엇이고, 이 욕구는 어느 정도 채웠다고 생각하나요?

‣ 내 안의 보석과 상대방의 보석을 서로 찾아서 나누어 보세요.

‣ 친구관계 패턴을 통해 자신의 '관계 성향'을 표현한다면 어떻게 말할 수 있을까요?

‣ 나의 엄마는 어떤가요? (엄마를 듣는 시간: 엄마의 어린시절, 꿈, 사랑, 음식 등등)

‣ 사랑에 대한 각자의 생각, 나의 사랑스타일은 어떠한가요?

‣ 내가 잘하고 좋아하는 일은 무엇이며 그 일을 통해 나와 남들이 기뻐하고 있나요?

‣ 각자 기대하거나 되기 원하는 5년 후의 모습을 상상하고 그려 보세요.

독후감 나누기

이 책은 자신과 타인의 마음을 이해하기에 아주 쉽고, 잡으면 쭉 읽혀지는 상큼한 책이다. 마음의 어려움이 병이 될 만큼 심각한 사람들을 만나면서, 말로 일일이 공감하고 자기이해를 돕기에 어려움과 아쉬움이 많았다. 도움을 주기 위해 골라 들었던 이 책은, 나의 내담자뿐 아니라 나에게도 자기 수용의 넓이와 깊이를 열어 주는 소중한 책이 되었다. 이 책을 만나면, 감정의 소진을 덜하고 육체나 정신적으로 훨씬 가벼울 수 있을 것이라 확신한다.

어릴 때 나는 부모님과 어른들께 인정받고 사랑받기 위해 '착한 아이'로 무장 또는 가장해서 살았다. 성장해서는 크리스천으로서 '호구'의 삶을 선택하느라 수시로 몰려오는 피로감이 상당했다. 나보다 상대의 감정에만 지나치게 주목, 내 감정을 챙기지 못하는 적이 많았다. 남의 기준에 나를 맞추려 애쓰다 보니, 노력에 대한 인정이 없을 때 상처가 되었다. 내가 쉽게 피곤해지는 이유를 몸이 약한 탓으로 돌렸던 적이 오랜 기간 있었다. 그러나 나의 에너지를 타인의 감정을 살피는 데 허비하고, 상대의 비판을 무조건 수용하느라 낭비했음을 안 지는 그리 오래되지 않았다. 부당하고 일방적인 비난으로부터는 자신을 보호할 필요가 있음을 확실히 인식하였다. 그리고 타인에게 상처받지 않고 자기 자신을 사랑하는 방법, 주체적인 삶을 만들어 나가는 방법을 알게 되었다.

뒤돌아보니, 은근히 미워하고 멀리했던 사람들이 주마등처럼 떠오른다. 이 책을 만나지 않았더라면 내가 잘한 줄 알고 착각하며 살았을 가능성이 크다. 결국 '내 편이라고 생각했던 사람', '나를 챙겨 줄 사람'이라고 기대했던 상대가 외면할 때, 나는 '완전 뒤통수 맞았다. 저런 겉과 속이 다른 인간이 있나? 지나치게 기회주의적이군……' 등으로 생각했었다. 이 책의 도움으로 많은 부분이 나의 잘못이었음을 깨달았다. 욕구를 솔직하게 인정하고 표현하지 못한 채 자신을 억압한 잘못, 그래서 상대를 착각하게 한 잘못, 바운더리 조정에 실패한 잘못, 등등…….

일, 사랑, 공부, 관계 그 모든 시작이 서툴고 어색했던 나, 그리고 관계 속에서 상처받고 어쩔 줄 몰라 하는 나의 내담자들이 더욱 주체적인 삶을 만들어 나갈 수 있도록 도와주는 심리 처방전으로 매우 유용하다고 생각한다.

3부 체험형 독서 모임 워크북

"상대에게 의존하고 집착하던 마음을 자신에게로 돌리고, 나 자신을 믿고 사랑할 것"을 매순간 명심할 것이다. 더는 혼자 잘해주고 상처받지 않겠다. 상대가 원하지 않는 배려를 베풀지도 않겠고, 되돌아오지 않는 친절을 기대하지도 않겠다. 나는 충분히 행복할 자격이 있고, 지금보다 더욱 사랑받고 존중받아야 하는 존재이니까!

《인성수업이 답이다》
정동섭 저, 비전북, 2017년
이경채

저자 소개

>

상담심리학자인 저자는 현재 가족관계연구소장으로 부
부관계와 부모자녀관계를 강화하는 사역에 전념하고 있
다. 미국 트리니티 복음주의 신학교에서 상담심리석사와
가정사역 전공 철학박사 학위를 받았다. 한국가정사역협
회 초대회장을 역임하고 사이비종교피해대책 연맹 총재
이다.

내용 요약

>

행복한 자녀로 키우는 인성교육 성품교육은 우리사회에
서 꼭 필요한 수업이다, 바른 생활습관을 위해 인성교육
은 가능한 한 어릴 때부터 해야 한다. 행복한 성공은 인성
이 바탕이 되어야 튼튼하다. 성공이라는 찐빵에 행복이라
는 앙꼬가 들어야 제맛을 낼 수 있다. 뿌리가 튼튼한 인성

수업, 영성수업이 사람의 질을 높이는 원동력이다.

우리 시대의 융합교육 자화상
개인이나 국가의 삶에서 중요한 것은 속도보다 방향이다. 가정과 사회에서 인성이 함양할 충분한 기회와 어른들의 롤 모델이 실종된 상태가 되면 부끄러운 자화상이 된다.

인성교육을 통해 도덕적 감수성을 지닌 인간을 만드는 것이 인성교육이다. 인생의 가장 기본이고 중요한 것이 행복한 인성이고 아름다운 성품이다. 자녀의 건강한 자아를 형성하는 것이 정체감, 자신감(자기 효능감), 자기조절능력(자기 절제능력) 그리고 긍정적인 태도이다.

IQ 중심의 지식교육, 진로교육과 EQ 중심의 도덕교육, 인성은 동전의 앞뒤와 같은 것으로서 21세기에 우리가 지향해야 할 교육은 이 두 가지를 통합한 진로, 인성, 융합교육이다.

인성교육의 중요성과 부모역할 교육의 중요성 그리고 인성과 창의력을 잘 키워 내는 것이 인성수업의 답이다. 사람의 가치가 존중받는 것이 행복한 나라이다. 인성은 한

개인이 통합적으로 보여 주는 품성, 덕성, 인품, 인격 등과
같은 의미로 이해할 수 있다.

사람으로서 마땅히 갖추어야 할 품성

성품은 성질과 품격을 말하는 것으로 성질은 마음의 바탕
이고 품격은 사람됨의 모습이라고 할 수 있다. 인성은 사
람 마음의 바탕이 어떠하며 사람됨이 어떠하다는 것을 말
한다. 즉 사람으로서 마땅히 갖추어야 할 품성을 말한다.
교육의 근본 목적은 사람을 사람 되게 하는 데 있다. 인성
이란 개념은 인간의 본성, 인격, 기질, 성격, 사람 됨됨이,
전인적 인간성 등을 포함하고 있다. 인성 또는 품성이란
어느 개인의 가치, 신면, 태도, 행위, 성격 특성을 합친 집
합체다. 좋은 성품이란 갈등과 위기의 상황에서 더 좋은
가치로 문제를 해결하는 능력이다. 최근에는 인성의 역량
으로 인식하여 책임감, 회복탄력성, 긍정성, 공감역량 등
을 강조하고 있다.

윌리엄 제임스는 "인류가 발견한 최고의 깨달음은 인간
은 자신의 태도를 바꿈으로 말미암아 자신의 인생을 바꿀
수 있다는 것이다"라고 말했다.

태도를 바꾼다는 말은 삶을 바라보는 자신의 관점을 바꾼다는 말이다. 관점, 태도, 자세, 삶의 철학 등 다양한 이름으로 불리는 것을 심리학에서 프레임(frame)이라고 한다. 똑같은 상황도 관점을 달리하면 다르게 보인다. 인생에서 중요한 것은 마음의 자세다. 인성은 세상과 인생을 대하는 태도라고 할 수도 있을 것이다. 성품(인성)은 "한 사람이 가지고 있는 생각과 감정 행복의 총체적 표현"이다. 결국 인성의 핵심은 다른 사람에 대한 공감과 배려다. 인성교육은 지식교육이 아니다. 인성은 스스로 깨닫고 다른 사람을 공감하며 가슴으로 배우고 행동으로 옮겨 실천해야 한다. 인성교육의 지향점은 행복이다.

일찍이 아리스토텔레스는 '훌륭함은 반복과 습관화로 이루어진 예술'이라고 하였다. 우리가 습관적으로 하는 일들이 우리가 어떤 사람인지를 결정한다. 완벽이란 한 번의 행위가 아니라 일종의 습관이다.

행복이 사람의 목표라면 덕성과 인성은 행복의 바탕이다. 행복은 인생 전반에 대해 느끼는 주관적 자기만족이다. "기쁨, 만족, 안녕 감을 누리면서 자신과 관계 맺는 사람이 좋고 의미 있으며 가치 있다고 생각하는 상태" 즉 현재에 존재하는 즐거움을 발견하고 과거에 존재했던 고마운 사람을 기억하고 미래에 다가올 기쁨을 대하는 마음 상태라고 생각한다. 행복은 즐거움과 만족, 그리고 자아실현적 안녕 감의(eudaimonic well-being) 다차원적 결합이다.

지혜로운 부모, 건강한 자녀: 인성교육 회복탄력성을 키우자

회복 탄력성이란 무엇인가? 스트레스나 도전적 상황, 역경을 딛고 일어나는 힘이다. 넓은 의미로 대처능력, 적응력, 에너지 비축력, 수용력, 마음의 근육, 그릿(grit)으로 정의한다. 사실 회복탄력성은 단지 역경을 극복하는 힘이 아니라 활력 있고 생동감 있고 즐겁게 진정성 있는 삶을 살 수 있는 능력을 뜻한다. 마지못해서 억지로 끌려가는 것이 아니라 주도적으로 자신의 삶을 살 수 있는 능력이다. 회복탄력성은 힘든 시련이 왔을 때 극복해 내려는 마음의 근력을 의미한다. 자기조절 능력과 대인관계 능력, 긍정성을 합쳐서 회복 탄력성이라 한다. 자존감을 높이고 올바른 인성을 함양하여 스트레스 관리 방법을 숙지하면 회복 탄력성을 증가시킬 수 있다.

적용 질문 나누기

>

    ▸ 현대를 살아가는 입장에서 인성의 중요성을 얼마나 인식하고 있나요?

    ▸ 자녀 양육을 하는 과정에서 인성교육이 어떻게 적용되었는지 나누어 보세요.

    ▸ 인성이 과연 우리의 삶에 어떻게 작용했는지 각자의 체험을 나누어 보세요.

    ▸ 이웃 중에 인성이 좋은 분을 소개해 보세요.

    ▸ 당신이 행복감을 누리는 때는 언제이며 그 이유는 무엇인가요?

독후감 나누기

>

이 책을 읽으며 인성수업의 중요성을 마음에 새긴다. 인성교육은 결국 좋은 성품으로 사는 것이다. 행복한 자녀로 키우는 마스터키다. 올바른 품성을 위한 성격적 강점과 덕성을 키우는 데 인성교육이 필요하다고 생각한다. 사람의 중요한 영역 일, 사랑, 놀이, 자녀 양육, 성품을 잘 발휘해서 사는 것이 행복하게 사는 것이다.

좋은 성품이 있는 사람은 그릿으로 이어진다. 그릿은 목표를 위해 꾸준히 노력할 수 있는 능력이다. 스스로의 능력이 성장하고 발전할 수 있다는 신념을 바탕으로 한다. 온갖 어려움과 역경에도 포기하지 않고 자발적인 열정으로 자신이 세운 목표를 향해 끝까지 가는 능력이다.

인성수업에서는 부모 역할이 가장 중요하다. 자녀의 미래에 크나큰 영향을 미치는 무엇보다 일상적인 행동과 말로 좋은 성품의 본을 보인다. 부모는 자녀의 삶의 인성모델이 되어야 한다고 생각한다. 알버트 멘두라는 그의 사회학습이론에서 다른 사람이 행동하고 경험하는 것을 보면서 자신의 학습과 행동에 영향을 받는다고 했다. 인성모델로 사는 것을 꿈꾸며 오늘도 힘차게 살아간다.

《그리스도인의 결혼생활》
마틴 로이드 존스 저, 생명의 말씀사, 2012년
정인숙

저자 소개

>

마틴 로이드 존스(Martyn Lloyd-Jones, 1899-1981)는 의학
박사 학위를 취득하였으나 하나님께서 영혼의 질병을 고
치는 목회자가 되기를 바라시는 것을 깨닫고 30년 가까
이 '영혼의 의사'로서 목회자의 길을 걸었다. 주요 저서로
《부흥》,《하나님께로 난 사람》 등이 있다.

내용 요약

>

20세기 최고의 설교자이자 복음주의 지도자인 마틴 로이
드 존스가 웨스트민스터 채플에서 30여 년 간 사역을 하
면서 주일 오전에 설교한 '에베소서 강해'의 일부이다. 로
이드 존스는 결혼생활에 대한 사도 바울의 가르침에 따라
기독교의 교리와 실천이 일치되는 결혼생활을 강조하고
있다.

성경에는 결혼에서 먼저 아내들에게 '복종'이란 명령을 주셨는데 그 이유는 주님이 원하시며 기뻐하시는 일이기 때문이다. 그리고 창조질서를 따라 "남편이 아내의 머리됨"이 되며 "교회와 예수 그리스도의 관계"와 같기 때문에 복종해야 한다고 하였다. 여자는 돕는 배필로 창조되어서 남자의 부족함을 채우는 것이 주된 기능이다. 하나님이 남편의 위치를 머리로 지정하셨기 때문에 똑똑하고 능력 있는 아내도 남편에게 복종하지 않으면 죄를 짓는 것이라고 하였다.

현대 사회는 여성이 가정의 중심이 되는 모권제 사회가 되었는데 이는 성경의 가르침을 부인하며 하와가 저지른 옛 죄를 되풀이하는 것이다. 이제 모든 권위가 하나님께 있음을 인정하고 남편과 아내가 함께 하나님께 복종하며, 남자가 여자의 머리로 알고 "주께 하듯" 행하는 것만이 해법이라고 하였다. 아내가 남편에게 복종하는 것은 '우열'이 아닌 '역할'의 문제이다. 아내가 남편에 비해 열등하다는 것이 아니라 다르다는 것이다. 남편이 제 역할에 충실할 수 있도록 기쁘게 하고, 유익하게 하고, 돕고, 보완하는 일을 하는 것이 아내의 역할이다. '복종'의 의미는 아내가 독자적으로 행동해도 안 되고 남편보다 먼저 행동해도 안 된다는 의미이다.

또한 남편에게 주신 존엄한 권고는 아내를 '사랑'하라는 것이다. 남편은 지도자의 위치이며 결혼관계에서 주도권을 갖고 있다. 그러나 권한을 남용해 아내의 감정을 짓밟고 폭군처럼 행동해서는 안 된다는 뜻이 담겨 있다. 남편의 권위와 능력과 위엄은 사랑의 통치, 사랑의 리더십에 근거해야 한다. 우리는 그리스도의 신부로 그리스도께서 교회를 사랑하신 것 같이 남편과 아내의 사이에도 그리스도와 교회의 관계가 적용되어 아가페의 사랑을 해야 한다. 이 사랑은 죽음까지 내어주는 사랑이며 무엇을 내주어 상대방을 유익하게 할 것인지를 생각한다. 아내를 귀히 여기며 가능한 대로 항상 동행해야 한다.

그리스도와 교회의 신비적 연합이라는 경이로운 진리를 이해해야 남편과 아내의 연합인 결혼의 진정한 의미를 이해할 수 있다. 여자는 남자의 몸을 째고 그 일부를 취하신 결과로 생겨났듯이 교회는 하나님이 갈보리에서 독생자 예수 그리스도의 몸을 상하게 하신 결과로 생겨났다. 교회는 "주님의 살과 뼈"이며 "이 비밀이 큰 것"이다. 둘은 한 몸이므로 결혼한 남자는 항상 아내의 존재를 의식하고 고려해야 한다. 신부가 되는 순간 신랑의 모든 것을 함께 나누는 것처럼 그리스도인은 "그리스도와 함께한 상속자"인 것이다.

연합은 결혼의 핵심원리로 남편은 "부모를 떠나" 새로운 관계를 맺어야 한다. 남자에게는 부모의 집을 떠나라는 명령이 여자에게는 아버지의 집을 잊어버리라는 명령이 주어졌다. 남편과 아내 모두 부모의 통제를 벗어나라는 의미이다. 성공적인 결혼생활의 비결은 항상 그리스도를 바라보며, 결혼이 그리스도와 교회의 관계를 반영하는 것이란 사실을 잊지 않는 것이다.

적용 질문 나누기

>

- ‣ '복종'의 명령과 사랑의 역할에 대한 당신의 생각은 어떠한가요?
- ‣ 결혼생활이 그리스도인답게 구별되고 있는지 나누어 보세요.
- ‣ 당신의 성화의 과정은 어느 정도 진행되고 있다고 생각하나요?
- ‣ 당신의 결혼생활은 어떻게 연합되어 있는지 나누어 보

세요.

▸ 그리스도인으로서 결혼생활에서 변화하고 성장한 점을 나누어 보세요.

독후감 나누기

>

나는 결혼생활을 하면서 그리스도인으로서 믿지 않는 사람들과 결혼생활에 다른 점이 있다면 무엇인지를 생각하면서 지내왔다. 성경을 읽으면서 알게 된 결혼생활에서 요구되는 아내의 복종, 남편의 사랑, 부부의 연합 등의 개념은 건조한 지식으로만 내 안에 담겨 있었다. 그러나 이 책을 보면서 하나님이 결혼이란 제도를 얼마나 놀랍고 신비한 비밀로 우리에게 주셨는지 새로이 알게 되었다. 결혼관계에서 아내가 어떻게 남편에게 복종해야 하는지, 남편은 한 몸인 아내를 어떻게 사랑해야 하는지 구체적으로 언급하는 것이 새로웠다. 그리스도가 교회를 사랑해서 몸을 찢으신 그 놀라운 사랑을 생생하게 느끼게 해주었다.

사도 바울이 그리스도와 교회를 남편과 아내의 관계에 적용한 것을 로이드 존스가 그 안에서 복음적인 측면을 예리하게 강조하며 재해석하고 있는 것도 놀라웠다. 아내의 복종에 대한 성경을 읽을 때마다 복종은 쉽지 않은 것이라고 생각하며 부담을 느껴 왔다. 그러나 남편의 사랑은 모든 것, 생명까지도 내어주는 아가페의 사랑이 되어야 한다고 하니 그에 비하면 아내의 복종은 차라리 쉬운 것 같은 생각이 든다.

저자는 남편과 아내의 결혼생활에 대한 묘사를 신비스런, 가슴 벅차고, 놀랍고, 찬란한 등의 최상의 형용사를 사용해서 감동적으로 표현하고 있다. 이제 결혼생활에서 하나님이 창조하신 원리대로 남편에게 복종하며 하나님을 기쁘시게 해야겠다는 새로운 다짐을 해본다. 세상 것이 아닌 우리를 기다리는 영광스러운 것을 사모하는 은혜와 힘과 총명이 필요하다. 주님이 부여하신 모든 특권을 가진 그리스도인으로 닥쳐오는 삶의 문제를 가지고 씨름할 것이 아니라 하나님의 얼굴을 바라보며 영광의 날을 준비해야 하겠다. 영광의 날을 기대하며 묵상하는 내게 잔잔한 감동의 물결이 밀물처럼 밀려온다.

《인간 치유》

폴 투르니에 저, 생명의말씀사, 2002년

오우림

저자 소개

>

스위스 제네바의 내과의사이자 정신의학자이며 인격적
만남의 중요성을 강조하여 의술과 인간 이해와 종교가 결
합해야만 전인적 치유가 가능하다는 '인격 의학'을 주창
하고 심리학과 성경적 기독교의 통합을 시도한 작가이다.

내용 요약

>

인간의 문제는 기술적인 관점에서 보면 무한히 복잡하지
만, 영적인 관점에서 보면 매우 단순하다. 모든 육체적인
병은 신경증의 요인과 복잡하게 얽혀 있다. 의사는 그들
에게 하나님의 목적이 무엇인가를 분별하도록 하고 목적
에 따르도록 돕는 것이다.

신경증으로 고생하는 사람이 그리스도와 교제를 나눌 때

단순하고 복잡하지 않은 마음으로 나아갈 수 있다. 의사가 환자를 치유할 때 그 환자의 생애를 이해하고 환자가 자신의 생애를 이해할 수 있도록 도와주어야 한다. 단순히 겉으로 드러난 질병만을 처방하는 것이 아니라, 질병의 진행 원인, 과정을 살펴봄으로 환자도 마음을 열고 자신을 표현하고 그 모든 과정을 관찰한 의사가 최종적인 치유를 해야 한다.

인간은 다양하게 창조되었다. 좋고, 나쁜 성격이 따로 없다. 그 성격 안에서 또 남녀의 차이를 주신 하나님의 목적과, 그 목적에 부합하게 우리의 성격을 사용하고자 하시는 하나님의 창조 계획을 알고 자신의 진정한 본성과 창조의 목적에 일치하는 생활을 할 수 있도록 도와줄 때 치유가 일어난다.

인간은 자신의 생애에서 심각한 문제를 해결하지 못하였을 때 본능적으로 도피를 해서 자신의 패배를 감추려고 한다.

공상세계로의 도피
불가능한 것이 없는 상상의 세계로 도망가는 것인데, 이는 무모하며 휴식보다 피로를 더 가져온다.

과거로의 도피

과거의 좋았던 시절로 도피하는 것은 앞으로의 전진을 방
해하며 무능한 인간을 만든다.

미래를 향한 도피

항상 앞에 일에 대한 구상을 먼저할 뿐 실제의 행동을 취
하지 않는 공허한 현상이다.

질병으로의 도피

힘든 상황이 오면 피할 수 있는 좋은 구실인 질병을 택
한다.

귀족적 도피

외부세계와 현실을 망각하려고 예술, 과학에 몰두한다.
이들은 현실을 어떻게 극복할지를 모르는 사람이다.

종교적 도피

세상과 상처를 피하기 위해 종교로의 도피를 선택하여 본
질보다는 행위에 집착하고, 지적으로나 영적으로 지나치

게 힘을 낭비한다.

모든 도피는 실제의 행동을 취하지 않는 공허한 현상으로, 이 도피를 치유하기 위해서는 하나님께서 우리에게 허락하신 현재를 전심을 다하여 임하며 과거와 미래는 하나님께 맡기며 사는 것이다.

삶의 고난과 삶의 긍정

오직 성경만이 그 이해할 수 없는 고난의 신비에 대한 진정한 해답을 준다. 치유는 삶에서 자신이 늙어가는 것에 대한 수긍이다. 부모들은 자녀를 용인하고, 삶을 수긍하는 것, 불의한 사람을 용인하는 것, 자신의 신체를 상대적으로 비교하지 않고 수긍하는 것, 부부간에도 서로 용납하는 것. 용납하는 것은 고난의 문제에 대한 유일한 해답이다.

의식 세계와 실제 세계

인간의 의식은 부정직할 때 의식세계가 위축되고 정직할 때 의식의 영역이 확장되며, 묵상은 하나님의 인도하심을 받는 사색이며 실제적 세계에서의 의식을 확장하는 열쇠이다.

적용 질문 나누기

>

- ▸ 영구적인 치유는 무엇인가요?
- ▸ 당신이 겪는 부부 갈등의 가장 큰 원인은 무엇인가요?
- ▸ 당신은 고난이 닥치면 어떤 해결 방법을 선택하나요?
- ▸ 당신은 갈등 시 어떠한 도피로 빠지나요?
- ▸ 당신의 정직을 방해하는 심리적 문제는 무엇인가요?
- ▸ 당신은 묵상을 통해 하나님의 인도하심을 받은 경험이 있나요?

독후감 나누기

>

폴 투르니에의 《인간 치유》는 인간 치유에서 가장 기본이며 근본적인 것은 '인간을 창조하신 창조자의 목적에 맞는 삶을 사는 것'이고 지속적인 창조자와의 친밀한 교제가 치유의 유일한 길임을 제시한다.

인간의 각종 질병, 고난도 하나님과 부합하는 삶을 살지 못하는 데서 오는 것이라고 설명한 것을 보면 세상 속에서 그리스도인으로 살면서 삶에 적용되는 묵상이 얼마나 큰 역할을 하는지 새삼 인식하게 된다.

투르니에는 부부간의 이해와 용납, 묵상만이 행복하고 건강한 결혼생활을 이루어 갈 수 있는 열쇠라고 한다. 현재 우리 가족이 날마다 갖는 묵상의 시간이 얼마나 소중한지, 오직 감사할 뿐이다.

저자 소개

>

인도선교사였던 부모님을 따라 인도에서 16년간 선교사
역을 했다. 현재 켄터키주 윌모어 소재 애즈베리 신학대
학원의 명예 교수로 재직 중이다. 아내 헬렌과 플로리다
주 노코미스에서 살고 있다.

내용 요약

>

상처 난 감정들

상처 난 감정이란 자신의 가치를 인정하지 못하는 것이
다. 계속 근심하고 자신을 부적합하게 여기며 "나는 좋지
못해"라고 자신에게 말하는 사람이다. 이런 사람들은 완
전주의자 콤플렉스(perfectionist complex)에 싸여 항상
죄의식을 느끼며 "나는 이것을 할 수 있어야 하는데, 저것
을 할 수 있어야 하는데, 내가 좀더 잘해야 하는데"라고

하지만 목표까지 도달하지 못한다. 또한 지나친 예민감(supersensitivity)이라고 불리는 손상된 감정이 있다. 다음에는 두려움으로 가득 찬 사람이 있다. 가장 큰 두려움은 실패에 대한 두려움으로 두려움이 많은 사람들은 '만약 이렇게만 되었더라면'이라는 생각 가운데 산다.

이렇게 상처 난 감정을 치료하기 위한 원리는 문제를 똑바로 직시하여 기억하기 싫은 어린 시절의 경험과 대면하라, 어떤 문제든지 자신에게 책임이 있다는 것을 인정하라, 고침을 받기 원하는지 자신에게 스스로 물어보라, 문제에 관련되어 있는 모든 사람들을 용서하라, 자기 자신을 용서하라, 문제의 핵심이 무엇인지 또한 그것을 위해서 어떻게 기도해야 할지를 성령님께 구하라 등이다.

죄책감, 은혜, 그리고 빚진 것 거두어들이기

현대인의 75퍼센트가 정서적인 문제 때문에 병이 생긴다고 하는데 이런 정서적인 문제의 원인들은 하나님의 무조건적인 은혜와 용서를 이해하지 못하고 받아들이지 못하고, 생활에 적용시키지 못하기 때문이다. 자신을 용서하지 않고 용납하지 않기 때문에 당신은 다른 사람을 용서하지 못하고 용납하지 못하게 되는 것이다. 당신의 빚을 처리하는 방법은 당신이 이전에 경험했던 상처들과 죄와 허물을 담당하셔서 십자가의 사랑으로 변화시켜 주심을 받아들이는 것이다.

상처를 입은 경험이 있는 치료자

마음에 상처와 분노와 아픔이 가득한 사람들에게 "당신의 기억 가운데 가장 비참한 모습을 말씀해 주시겠어요?", "당신에게 아픔을 가장 많이 준 사람은 누구일까요?"라고 물어볼 때 느끼는 감정에 대해 예수님은 그 감정을 고치기 원하시고 이해하신다. 예수님은 십자가에서 우리의 모든 감정을 스스로 경험하셨고 우리의 연약한 감정들을 짊어지셨다. 우리는 이제 그것들을 홀로 지고 가지 않아도 된다.

사탄의 치명적 무기

사탄은 우리의 연약함을 이해하고 우리를 대적하는 수단으로 그것을 악용한다. 사탄의 가장 강력한 무기 중의 하나는 심리적인 무기로 두려움, 의심, 분노, 악심, 걱정 그리고 죄책감이 여기에 해당한다. 사탄의 가장 무서운 심리적 무기는 열등감과 부족하게 느끼는 것과 자신의 가치를 무시하는 감정인 낮은 자존감(low self-esteem)이다.

사탄은 이를 사용하여 패배와 실패로 이끌어 간다.

자존감이 낮은 사람을 위한 치료 (1)

사람들이 스스로 자신의 자화상을 변화하는 경험을 하고, 과거의 감정적 상처들이 제거될 수 있다면 그 사람은 변화될 수 있다. 우리의 자화상은 우리가 수집한 우리 모습과 감정들을 종합해 놓은 것이다. 그리스도인 전문 상담사인 머리스 와그너 박사는 건전한 자화상을 구성하는 세 가지 기본적인 요소를 소속감, 가치감, 자신감이라고 설명하였다.

자존감이 낮은 사람을 위한 치료 (2)

자아개념(self-concept)이 형성되는 네 가지 근원들은 외부의 세계, 내부의 세계, 사탄, 하나님이다. 이제 낮은 자존감의 치료의 단계들을 보면 당신이 알고 있는 잘못된 신학을 교정하고, 당신 자신의 평가를 하나님께로부터 받는다. 그리고 성령님과 함께 동역하라.

완전주의의 증상들

완전주의란 반드시 해야 한다는 압박감을 가지고 '할 수 있었어야, 꼭 해야 했어, 그렇게 했었어야' 등의 표현을 한다. 완전주의자들의 과민한 양심과 죄의식 아래 강박증과 율법주의가 깔려 있다. 이런 과정에 마음 깊은 곳에 분노가 형성되기 시작하며, 많은 경우에 사람들은 분노를 직시하지 않고 부인한다. 자신을 싫어하며, 완전주의의 치유는 오직 한 가지인 은혜뿐이다. 변화를 경험하려면 시간과 과정과 이해와 치료와 무엇보다 더 마음을 새롭게 함으로 변화를 받는 생각의 재조정이 필요하다.

완전주의의 치료 과정

완전주의의 원인들은 만족시킬 수 없는 부모들과 예측할 수 없는 가정의 분위기로 인정을 받지 못하는 것에 예민하며 하나님에 대한 잘못된 개념을 갖게 한다. 완전주의의 특기는 '만약 그렇게 했더라면'이다. 예수님은 십자가에서 상처를 경험한 적이 있는 치료자이며 우리의 연약한 감정을 체험하신 대제사장이다.

초인적 자신과 실제적 자신

완전주의자는 그리스도 안에서 자신의 참된 모습대로 사는 것을 배워야 한다. 초인적 자신(Super You)은 이상적으로 보이려고 만들어 낸 거짓된 당신의 이미지이다. 그리고 실제적 자신(Real You)은 자기 모습을 바라보는 현실주의가 되어 실제 감정을 표현하는 것을 두려워하지 않는 것이다. 그리스도 안에서 당신은 당신 자신이 될 수 있다. 그리고 당신과 다른 사람을 비교할 필요도 없다. 당신의 실제적 자신의 모습은 하나님이 의도하신 바대로 한 인격체로 성장해 나아갈 수 있게 된다.

우울증에 관한 오류와 진실

우울증이란 그리스도인들이 흔히 경험하는 증세이다. 우울증에 걸린 사람은 치료에 앞서 자신의 우울증을 인정해야 한다. 우리는 기질적인 것이나 영적인 것의 영향으로 우울증에 걸릴 수 있으며 사탄은 우리의 기질적인 우울증의 현상을 영적인 우울증으로 바꾸어 놓으려고 한다. 이에 대한 해결책으로 자신의 개성을 인정하고 기질을 인정하여 스스로를 있는 그대로 받아들이는 것을 강력히 권고한다. 그리고 기질이 변화는 되지 않아도 성령님께 자신을 지배하시도록 허용할 수 있다.

우울증의 처리

당신은 신체적인 면, 감정적인 면, 영적인 면에 모두 한계를 가진 사람이다. 완전주의라는 노예가 "자신의 요구를 반드시 만족시켜야 한다(ought)"는 감정으로 몰고 갈 때 정서적 모터는 과부하가 걸리게 되어 만성적 우울증이라는 대가를 치르게 된다. 우리가 갖는 반응들인 결단력의 결핍에서 오는 무력감, 분노, 공평치 못하거나 부당하다는 느낌을 갖는 것이 우울증을 유발시키는 원인이다.

마틴 루터가 제안한 우울증의 극복 방법은 홀로 있지 말고, 다른 사람에게 도움을 구하며, 노래하고 음악을 즐기며, 하나님께 찬양하고 감사하고 하나님의 말씀의 능력에 깊이 의존하며(시편 말씀), 성령님의 임재하심 가운데서 확신 있는 태도로 휴식을 취하라고 하였다. 가장 깊은 우울증에 빠지게 되었을 때 당신이 느끼는 감정과 상관없이 하나님이 당신과 함께 계시다는 사실을 확인하는 것이 필요하다.

치유를 경험한 상담자들

하나님께서는 우리를 재생시키는 은혜를 사용하시어 우리의 연약함과 손상된 심령들, 우리 생애에 못쓰게 된 부분들을 재생시킨다. 저주의 상태로부터 성장을 위한 수단과 하나님의 일을 위하여 사용될 도구로 변화시키는 일을 하시는 것이다. 하나님께서는 상처를 경험한 사람들을 변화시켜 치유받은 상담자들로 만드실 수 있다는 것이다.

하나님의 능력이 나의 약함을 통해서 온전케 되는 것을 경험한다.

적용 질문 나누기

>

- ‣ 내 삶의 나이테에서 가장 처음 새겨진 나이테가 무엇인지 나누어 보세요(자신의 생애 최초 기억을 이야기하기).
- ‣ 자신을 어느 정도 인정하고 평가하고 있는지 나누어 보세요.
- ‣ 자신에게 완전주의의 증상들이 있는지 생각을 점검해 보세요('만약 그렇게 했더라면'이라고 생각하는 점을 이야기해 본다).
- ‣ 나는 신체적으로, 감정적으로, 영적으로 자신의 한계를 인정하고 있나요?
- ‣ 하나님이 내 감정을 치유한 경험이 있으면 나누어 보세요.

독후감 나누기

>

누구든지 살아가면서 상처를 받지 않는 사람은 거의 없다. 상처 난 감정을 해결하기 위해서 우리가 어떻게 해야 하는가를 저자는 말해 주고 있다.

사탄이 낮은 자존감과 열등감을 이용해서 우리를 공격할 때에 우리는 성령의 힘을 의지해서 극복할 수 있다. 결혼 초기에 다른 사람과 끊임없이 비교하면서 자신이 부족하다고 생각한 적이 있었다. 비교를 하다 보니 점점 열등감이 높아지고 자존감이 낮아지는 것이었다. 그런 생각을 하다 보니 '내가 결혼을 하지 않았더라면, 더 편했을 텐데'라는 생각을 하며 부정적인 생각을 끊임없이 하였다. 그런 생각들은 지속적으로 나를 괴롭혔고, 자연히 가족에게 매일 불만을 갖고 화를 내면서 지내게 되었다. 결코 환경이 불행한 것도 아니었는데 생각만으로도 충분히 불행한 마음을 갖고 지낸 것이다. 지금 이 책을 읽으면서 돌이켜 보니 사탄이 내 생각에, 감정에 침투해서 나의 생활을 파멸의 길로 이끌고 갔던 것을 명확하게 알 수 있다.

그런데 어느 날 저녁 식사 준비를 하는 시간이었다. 매일 하던 대로 불평과 불만을 하면서 부정적인 생각에 사로잡혀 있었다. 그때 나의 내면에서 성령님께서 "이런 부정적인 생각을 하나님이 기뻐하실까?"라며 나에게 질문을 하는 것이었다. 이 질문에 대한 나의 답은 하나님은 전혀 기뻐하지 않으시는 것이었다. 그 이후로 부정적인 생각이 나에게 들어올 때마다 나는 하나님이 기뻐하지 않은 부정적인 생각을 긍정적인 생각으로 전환하기를 끊임없이 하였다. 사실 부정적인 생각을 하는 것은 내가 갖고 있던 나쁜 습관이었는데 나쁘다는 것도 자각하지 못하고 지냈던 것이다.

이렇게 불평투성이의 부족한 나를 하나님은 재생하시는 은혜를 허락하셔서 나의 연약함과 상처받은 마음을 재생시키신 것을 이 책을 읽으면서 절감하게 되었다. 하나님의 능력으로 나의 약함이 온전케 되어서 이전의 나쁜 습관에서 벗어나게 되니 일상이 행복하고 감사한 마음이다.

독서 치료의 치료 원리와 신성회

글쓴이 **진영정 교수**

▸ 연세대학교 심리학과 졸업
▸ 미국 바이올라대학교(Biola University)에서 목회상담으로 목회학 석사(M.Div.)
▸ 미국 풀러신학교(Fuller Theological Seminary) 선교학부에서 목회학 박사(D.Min.)
▸ 미국 서든캘리포니아신학교(Southern California Seminary)에서
  심리학 박사(Psy.D., 산업심리학 전공)
▸ 담임목사와 신학교 교수로 20년간 재직
▸ 현재 대구 대신대학교에서 기독교 상담과 기독교 영성 과목 교수
▸ 현재 옥인교회(서울 종로구 옥인동 소재) 협동목사
▸ 저서: 《억압에서 자유로》, 《선택: 그리스도 안에 거하는 삶》

부록 독서 치료의 치료 원리와 신성회

1. 들어가는 글

　나는 모태신앙이다. 일부 사람들은 모태신앙을 '신앙을 몰라'의 뜻으로 '못해'라고 바꾸어 부르기도 한다. 신앙은 믿는 자의 본을 보면서 자라게 된다. 어릴 때의 모습을 회고해 보면 교회에 적극적으로 참여하지 않았다. 교회에 다니는 어른들의 모습을 보면서 이중적이라고 생각했다. 물론 시간이 지나고 목사가 된 지금 그분들의 모습을 바라볼 때는 이해가 된다. 그리스도의 말씀과 세상 사이에서 갈등하면서 살기 때문이다. 그러나 청소년 시기의 나는 이러한 모습을 이해할 수 없었기 때문에 원하는 일을 하다가 은퇴하고 나서 교회를 섬기면 된다고 생각했다.

　세상에서 살다가 37세의 나이에 부름을 받았다. 37년간 공직생활을 하셨던 아버지는 새벽에 집 뒷산을 오르시던 중 심장마비로 환갑이 되기 전에 하나님의 부름을 받으셨다. 아버지를 잃은 어머니는 정신을 차리지 못하셨고 나 역시 부부 갈등으로 소망 없는 삶을 이어 나갔다. 광야와 같은 생활을 하였고 모든 사람이 나를 등지고 홀로 있을 때 하나님의 부르심은 시작되었다.

하나님이 부르실 때 처음에는 인정할 수 없었다. 왜냐하면 목사가 된다는 생각을 한 번도 해본 적이 없을 뿐만 아니라 목사가 되라는 말조차 그때까지 들어 본 적이 없었기 때문이다. 그러나 하나님의 부르심이 시작되자 만나는 목사마다, 기도하는 사람마다, 심지어 기도원에서 처음 만난 사람마저 목사로 부르시고 있다고 말해 주었다. 아무리 말해도 믿지 않자 하나님은 강권적으로 소통하기 시작하셨고, 환상, 말씀과 영적 은사를 부어 주시면서 부르셨다.

부르심에 순종하자 신학교를 선택하는 문제가 남게 되었다. 아내에게 "하나님이 나를 부르신다"고 말했더니 아내가 "사업을 하다가 파산했을 때 한국을 잠시 떠나 미국에 가려던 학교가 신학교였다"라고 말했다. 그 이야기를 듣고 하나님은 이미 나를 부르고 계셨고 미국에서 신학을 하도록 계획하고 계셨다는 것을 깨달았다.

내가 미국 비자를 받는 것은 불가능한 일이었다. 왜냐하면 IMF 기간에 미국 비자를 거절받은 경험이 있던 사람은 내주지 않았기 때문이었다. 그러나 하나님의 부르심에 순종하자 3주 만에 미국 신학교 입학 허가와 함께 비자가 나왔다. 비자가 나오지 않았으면 했다. 부르심에 순종했지만 하나님께서 길을 여시지 않았기 때문에 이제부터는 원하는 일을 하면서 살 수 있을지도 모른다는 희망을 가지고 있었기 때문이다.

미국에서 신학 공부를 하면서 한국의 신앙생활과 다른 점을 알게 되었다. 첫째는 삶에서의 가치가 가정이 우선이고 그다음이 교회였다. 다른 하나는 예수님을 묵상하면서 예수님은 복음을 먼저 말하지 않고 사람의 필요를 먼저 채워 주신 사실이었다. 신앙은 생각과 삶이 따로 움직이는 것이 아니라 삶으로 살아 내는 것이었고 삶을 통해 예수님의 성품을 나타내야 한다는 것을 깨닫게 되었다.

어떻게 삶을 살아갈 수 있을까? 말씀으로 하나님의 형상이 회복되고 말이 아닌 하나님의 능력으로 살아갈 때 말씀에 따라 살 수 있다. 하나님의 형상을 회복하기 위하여 하나님 형상을 온전히 회복되지 못하게 하는 장애물을 제거해야 한다. 세상 가치나 문화에 따라 살면서 또한 상처 있는 사람들과 함께 살면서 받았던 마음의 깊은 상처를 회복해야 한다.

마음의 상처를 회복하기 위하여 가장 좋은 방법이 독서상담이다. 직접적으로 상처를 건드리지 않아서 마음의 저항을 최소화시키면서 간접적으로 자신의 상처를 들여다볼 수 있기 때문이다. 또한 추상적인 말씀이 구체적으로 어떻게 적용되는지를 알 수 있기 때문이다.

　미국에 20여 년간 사역하면서 한국에서 사역할 수 있는 기회를 하나님께서 주셨다. 또한 개인적으로는 한국에서 사역은 미국 신학교에서 받은 장학금에 대한 약속을 지키는 일이기도 했다. 한국에서 가장 복된 일이 있다면 신성회와의 만남이다. 왜냐하면 마음을 나눌 수 있는 분들이 계시고 이 시대 한국에서 가장 원하는 사역을 하고 있기 때문이다.

　처음 신성회와의 만남은 오종민 목사와의 만남에서 시작된다. 2007년 미국 텍사스 교회에서 힘들고 어려운 시기를 지나고 있었는데 하나님은 둘로스 찬양팀을 보내셔서 나를 위로하시고 힘을 주셨기 때문이었다. 2019년 오종민 목사를 한국에서 다시 만나게 되었는데 이때 또 한 번의 선물을 내게 주셨다. 오종민 목사를 통해 정동섭 교수와 이영애 사모를 만났기 때문이었다. 코로나로 인하여 오목사가 계획하였던 선교사역은 연기되었지만 신성회와의 만남을 통해 새로운 복음의 물길이 터지기를 기도하고 있다.

　신성회는 독서 상담을 하는 모임이다. 이영애 사모(신성회 창립자)가 정신분열증이었던 조카 신성희를 생각하면서 '새롭게 깨어나(新) 성숙한 삶을 살아가려는(成) 사람들의 모임(會)'이라는 뜻으로 이름을 붙였다. 다른 사람의 아픔을 돕기 위하여 생긴 모임이고 독서로 치유받은 사람이 다시 지도자로 헌신하는 모임이다. 독서 상담을 한다고 다 치유되지는 않는다. 그러나 신성회는 성경에 근거하는 독서 모임이기 때문에 독서 그룹 안에 성령이 계시므로 놀라운 치유 능력이 있다. 마음이 치유되어야 하나님의 형상을 온전히 회복할 수 있는 능력이 생기게 된다. 본 글은 신성회 회원들이 행하고 있는 모임이 성경에 근거한 독서 상담이며 신성회에 흐르고 있는 치유 능력의 원리를 기술하는 데 있다.

2. 독서 상담의 시작

　　Bibliotherapy가 독서 상담의 어원이다. Bibliotherapy
는 'Biblion'과 'Therapeia'의 합성어이다. 'Biblion'은
'책, 문학'의 뜻이고 'Therapeia'는 '도움이 되다, 의학적
으로 병을 고쳐 주다'라는 뜻이다. 독서 상담의 어원은 문
학을 사용하여 건강을 증진시킨다는 의미를 갖는다(Hynes
& Hynes-Berry, 1994).

　　어떻게 책으로 정신건강을 증진시킬 수 있을까? 책은
마음의 소리이고 그 소리를 들을 때 정신건강을 증진시킬
수 있다. 교육학 사전(Good, 1966)에 "독서 상담은 전반적
인 발달을 위해 책을 사용하며, 책은 독자의 성격을 측정할
뿐만 아니라 적응과 성장, 정신적 건강을 위해 사용되기도
하는데 그 책과 독자 사이의 상호작용 과정으로 치료된다.
그리고 선택된 독서 자료에 내재된 생각이 독자의 정신적
혹은 심리적 질병에 치료적인 영향을 줄 수 있다"고 독서

치료를 정의하고 있다. 독서 상담은 전반적인 발달을 증진시킨다. 그리고 독자의 성격을 측정하여 자신을 알게 할 뿐만 아니라 정신적 적응과 성장에 책이 이용되고 있음을 말한다.

독서 상담에 성령이 함께하시면 정신적 건강과 증진뿐만 아니라 영적인 회복과 성장으로 균형적인 발달과 성장을 이룰 수 있다. 즉 독서 상담은 전인적 치료와 발달에 영향을 준다. 왜냐하면 성령께서 독서 상담을 이끌어 가시고 인도하신다면 독서 상담은 책을 통한 만남뿐만 아니라 그룹 개인에게 역사하는 다른 모습의 성령님과의 만남을 통하여 영적인 회복, 성장과 성숙을 할 수 있기 때문이다.

독서 상담은 미국에서 발전하여 일본에 전해졌고 일본에서 한국으로 전해지게 되었다. 미국에서는 1차 세계대전으로 전쟁 트라우마를 겪고 있는 군인을 돕기 위하여 독서 상담이 시작되었지만 일본에 전해진 독서 상담은 청소년 교육을 위하여 시작이 되었다. 한국은 교육 목적으로 일본에서 독서 상담이 도입되었지만 독서 치료가 활성화되기 시작함에 따라 심리 치료에 독서 치료가 도입되기 시작하였다.

미국

>

1차 세계대전(1914년) 중에 재향군인들이 입원한 병원에서 환자들에게 도서관 서비스가 시작되었다. 참전 군인들이 입원한 병원 지하에는 도서관이 있었다. 델라니(Delaney)는 독서 치료의 선구자인데 재향병원 도서관 사서로 일했다. 1940년에서 1950년에 독서 치료가 다른 형태로 활성화되었는데 그 이유는 병원도서관이 폐쇄되었기 때문이다. 이 시기의 독서 치료는 공공도서관을 중심으로 병원, 임상기관 그리고 사회복지기관 등 다양한 분야에서 사용되기 시작하였으며, 특히 교육학과 심리학에 많은 영향을 주었다(김현희 외 11인, 2004).

일본

>

일본에서는 청소년 교육의 목적으로 독서 치료가 사용되었다. 일본에서는 1937년 '독서 요법'이라고 번역되어 '독서 상담'이 '독서 치료'로 소개되었다. '독서 요법'이라고 말한 이유는 독서에서 '독서'와 정신요법에서의 '요법'을 합성하여 만들었다. 일본에서 학교 학생들을 대상으로 성격과 생활태도를 바꾸기 위하여, 혹은 학생 지도를 위하여 독서에 정신상담이 사용되었고 비행청소년을 선도하기 위한 목적으로 독서 치료를 사용하였기 때문이다(김현희 외 11인, 2004).

한국

>

한국도 일본과 마찬가지로 부적응 학생을 위하여 독서 상담이 도입되었다. 1970년 후반부터 독서 상담 연구가 시작되었지만, 독서 상담은 2002년 독서 치료 전문가 과정이 개설되면서 독서 치료로 활성화되었다(김현희 외 11인, 2004).

신성회

>

신성회는 1990년에 신성희 가족과 가족의 정신건강을 위한 모임을 발기인 5명으로 발족하였으며, '신성회 상담 정보실'로 독서 모임을 명명하고 20명이 첫 정기모임에 참석하여 시작한 모임이다. 신성회 독서 모임은 독서 치료 모임보다 12년 앞서 행해졌으며 독서 상담의 모임으로 첫 테이프를 끊었다는 점에서 역사적으로 중요한 의미가 있다(신성회, 2020).

3. 독서 상담의 치료 원리

　　정서적 상처를 기능장애로 보는지 아니면 기질장애로 보는지에 따라 치료 원리는 달라진다. 기질장애란 선천적으로 육신에 문제가 있기 때문에 정서적 상처가 있다고 보는 견해이다. 기능장애란 육신적인 전달체계는 문제가 없지만 육신이 그 기능을 제대로 하지 못하여 정서적인 상처가 생긴다고 보는 견해이다.

정서적 상처는 기능장애인가 기질장애인가?

>

　　정서적 상처를 기질장애로 보면 치료할 수 없지만 기능장애로 보면 치료가 가능하다. 기능장애란 신경전달체계는 문제가 없는데 신경전달기능이 문제가 되기 때문에 발생한 정서적 상처이지만, 기질장애란 호르몬이나 뇌전달체계의 이상으로 이는 약물로 치료하기 때문이다.

일반적으로 정서적인 문제는 기질장애로 나타나기보다는 기능장애로 나타난다(Welch, 2015). 이는 성경적 원리에 근거한 것으로 죄와 죄된 환경으로 상처를 받아 마음의 기능을 적절하게 반응하지 못하여 나타난 정서적 상처이기 때문이다. 물론 정서적 상처로 고통을 당하는 사람들 중 적은 수가 기능장애가 기질장애로 이어지기도 한다. 이는 정서적 상처를 오래 방치해 두면 기질장애가 일어나기 때문이다.

정서적인 상처를 기능장애로 본다면 생각의 변화로 치유가 가능하다. 생각의 변화는 마음(mind)에서 일어난다. 마음은 생각의 틀을 말한다. 생각하고 있는 프레임이 바뀌어야 생각이 바뀌게 된다. 책 읽기로 생각이 변화됨으로 부정적인 감정이 해소된다. 또한 책의 스토리와 플롯에 감정적인 접촉을 통하여 부정적인 감정이 변화된다.

독서 상담의 치료 원리

>

독서 치료의 원리는 책을 읽는 동안 내면의 변화에 대한 관찰을 하게 되면 알 수 있다. 첫째, 책을 읽으면 인식과 생각의 변화나 관점이 변화된다. 책의 등장인물과 자신을 교대로 생각하면서 인식과 생각이 넓어진다. 둘째, 책을 읽으면 자신의 이야기를 재구성할 수 있다. 자신과 연결된 상처에 대한 이야기를 재구성하면서 정서적인 치료가 시작된다. 셋째, 책을 읽으면 욕구의 변화가 있다. 자신만이 불행한 것이 아니고 불행은 모든 사람의 문제인 것을 깨닫게 될 때 자신의 욕구에 대한 해석이 달라지면서 욕구가 변화되기 시작한다. 넷째, 책을 읽으면 뇌에 새로운 시냅스가 형성된다. 새로운 자극을 뇌에 주면 새로운 시냅스가 뇌에 형성되어 기존과 다른 반응을 할 수 있다.

예를 들면 《책 읽기를 통한 치유》를 읽으면 독서 상담의 치료 원리가 나타난다. "우리 부부는 책 읽는 과정을 통해 서로를 이해하게 되었다. 남편도 자신의 분노의 정체를 알게 되면서 조금씩 분노를 조절할 수 있었다. 내 경험을 통해 가장 간절히 말하고 싶은 것은 용서와 사랑만이 문제의 해결책이 아니라는 것이다. 내 경우 오히려 그런 태도가 문제를 더 강화시키거나 해결을 지연시켰던 것 같다."

책을 읽으면서 인식과 생각의 변화가 있었으며 책 읽기는 인간의 총체적인 정신능력과 관련되어 있음을 알 수 있다. 첫째, 삶을 재구성함으로 치유된다. 책을 읽을 때 감각, 지각, 정서, 경험, 생각, 학습 등 모든 측면이 함께 작용하여 새로운 해석을 통하여 상한 마음을 회복시키며, 자신의 아픈 이야기를 재구성하게 되어 아픔에서 벗어나게 된다. 이러한 인식의 변화는 뇌를 자극하여 새로운 시냅스를 형성하여 정신적 영역과 육체적 영역의 치유가 이루어지게 된다(Siegel, 2019).

둘째, 책을 나누고 토론하는 과정에서 치료 원리를 찾을 수 있다. 독서 상담의 치료 과정은 수용, 처리와 표현으로 나눌 수 있다. 첫째, 수용은 시각, 청각, 촉각, 후각, 미각을 통하여 수용이 된다. 둘째, 수용된 정보는 선택, 연상, 분류, 종합, 기억, 연결, 추론, 분석과 재구성하여 처리된다. 셋째, 표현은 쓰기, 말하기, 읽기, 손과 몸으로 표현된다. 수용, 처리와 표현 과정을 거치면서 한 권의 책을 내 것으로 만들고 서로 토론하고 나눔으로 유대인의 하브르타 독서법을 무의식적으로 도입하게 된다. 하브르타 독서법의 강점은 생각하는 능력을 향상시키는 데 있다. 새로운 생각을 할 수 있는 힘이 생김으로 상처를 치유하게 된다.

셋째, 대면모임에 치료가 있다. 사람을 봐야 음성, 문법과 같은 언어를 습득하게 된다. 한 연구실험에서 동영상을 오디오로 바꾸어 소리만 듣고 외국어를 배우게 할 때 어린아이는 새로운 언어를 배우지 못한다. 그러나 얼굴을 마주 보고 입술 모양을 보면 어린아이는 언어를 배우고 해독한다. 마찬가지로 대면 만남으로 개인의 서로 다른 경험이 표정과 언어로 연결되어 벽으로 가려져 있던 다른 사람의 삶을 이해하게 된다. 문제에 빠져 있기 때문에 문제가 되는 것이지 문제에서 벗어나기 시작하면 더 이상 문제가 되지 않는다.

독서 상담의 치료 원리는 생각과 감정의 변화와 상호작용을 통한 감정의 변화이다.

1) 생각의 변화

>

독서 상담의 첫 번째 치료 원리는 생각의 변화이다(이민용, 2017). 생각이 변화되어 마음이 새롭게 되면 정신적 혹은 정서적 문제가 치료된다. 독서 상담은 '생각을 새롭게' 한다. 생각을 새롭게 한다는 것은 '지정의'(知情意)의 변화를 말한다. 지는 지식, 정은 감정, 의는 의지의 변화가 있어야 생각이 변화된다.

2) 상호작용

>

독서 상담의 두 번째 치료 원리는 상호작용이다(Claudinin, D. J. & Clonnely M., 2007; 김현희외 11인, 2009). 책 읽기를 통해 등장인물과 서로의 관점을 나누게 되어 지적인 변화가 있게 되고, 문학작품의 스토리와 플롯을 통해 감정적인 교류가 있어 감정적인 변화가 발생한다(이민용, 2017). 또한 책 읽기 모임에서 서로를 수용하고 이해하는 과정을 통하여 긍휼과 사랑을 나누게 된다. 이러한 나눔과 토론의 과정에서 생각과 감정이 변화되어 마음의 상처를 치유한다.

3) 부정적인 감정의 해소

>

독서 상담의 세 번째 치료 원리는 부정적인 감정의 해소이다. 생각의 변화와 상호작용으로 감정이 변화되면 부정적인 감정이 해소된다. 부정적인 감정이 해소되면 마음의 상처가 치유된다. 독서 상담은 부정적인 감정을 해소하기 위하여 책 읽기를 통한 자신을 재해석하는 생각의 변화와 상호작용을 통한 감정의 변화가 있어야 한다.

4. 신성회 독서 상담의 치료 원리

　　신성회 독서 상담의 치료 원리는 부정적인 감정의 변화가 먼저이다. 부정적인 감정이 해소되어야 생각이 변화되고 생각이 변화되어야 자기포기의 준비를 할 수 있기 때문이다. 자기포기가 되어야 말씀을 들을 때 말씀이 다른 사람의 이야기가 아닌 내 이야기가 된다. 두 번째 치료 원리는 생각의 변화이다. 부정적인 감정이 변화되어야 생각이 변화된다. 생각이 변화되어야 삶을 바라보는 생각의 프레임이 바뀌게 된다. 세 번째 치료 원리는 상호작용이다. 서로의 삶을 나눔으로 인하여 사랑을 경험할 수 있다. 서로의 상처를 나의 상처로 아파하는 마음으로 사랑을 경험하게 된다. 마지막 치료 원리는 삶의 변화이다. 이를 '가슴(heart)의 변화'라고 한다. 여기서 가슴의 변화란 삶의 방향이 바뀌는 것을 말한다. 생각의 프레임에 대한 변화는 머리에서 일어난다면, 삶의 변화는 가슴에서 일어난다. 즉, 생각된 생각이 가슴으로 내려와야 한다. 생각의 프레임이 가슴으로 받게 되면 삶의 방향이 바뀌어 자기포기가 된다. 자기포기가 되면 말씀(word)이 나의 계시가 되어 '영(spirit)과 정신(mind)과 육(body)'을 회복시키고 전인적인 성장이 있다.

1) 부정적인 감정의 변화

>

부정적 감정의 변화가 생각의 변화보다 왜 먼저 행하여져야 하는가? 에버렛 워딩턴은 그의 책 《용서와 화해》 (Worthington, 2003)에서 어머니를 죽인 강도를 용서하지 못한 경험을 이야기하고 있다. 그는 용서를 강의하는 기독교 상담가이다. 그가 그렇게 용서를 강조하고 용서를 해야 한다고 상담하고 가르쳤는데 막상 어머니의 죽음 앞에서 어머니를 죽인 강도를 용서하지 못한 자신을 깨닫게 되었다. 그가 용서하지 못한 이유는 어머니를 죽인 강도에 대한 분노였다. 분노라는 부정적인 감정이 해소될 때 그는 강도를 용서할 수 있었다. 이러한 경험을 통하여 그는 용서를 하려면 먼저 부정적인 감정이 해소되어야 한다고 강조했다.

이와 마찬가지로 독서 상담으로 생각의 변화가 있기 위하

여 과거에 받은 상처에 대한 부정적인 감정의 변화가 있
어야 한다.

부정적인 감정은 어떻게 먼저 다룰 수 있는가? 부정적인
감정을 먼저 해소한 사람의 섬김으로 부정적인 감정을 해
소시킬 수 있다. 신성회는 부정적인 감정을 먼저 해소한
사람이 자기와 같이 부정적인 감정을 안고 사는 사람을
섬김으로 시작되었다.

2) 상호작용

>

신성회의 두 번째 치료 원리는 상호작용이다. 신성회의
책 읽기와 독서 모임으로 상호작용이 이루어진다. 이는
책을 읽는 사람과 텍스트와의 상호작용과 책을 읽은 사람
이 책의 내용을 나누고 토론하는 모임 안에서 이루어지는
상호작용이 동시에 이루어짐을 말한다. 상호작용을 통하
여 육신적, 정서적인 치유와 함께 영적인 성장을 할 수 있
다. 구약성경을 요약하면 하나님 사랑과 이웃 사랑으로
요약할 수 있다. 하나님 사랑은 하나님과의 관계이고 이
웃 사랑은 둘 이상의 모임의 관계이다. 영적인 성장은 하
나님과 사랑의 관계에서 시작하고 이웃을 사랑으로 섬김

으로 상호작용이 시작되고 이러한 상호작용을 통하여 치
유된다.

3) 생각의 변화

>

세 번째 치료 원리는 생각의 변화이다. 생각을 변화시키
기 위해 육신의 생각을 하나님께 굴복시켜야 한다. 하나
님께 생각을 굴복시키지 않으면 육신의 생각은 변화되지
않는다. "육신의 생각(carnal mind)은 하나님과 원수가
되나니 이는 하나님의 법에 굴복하지 아니할 뿐만 아니라
할 수도 없음이라"(롬 8:7). 또한 마음을 새롭게 하려면 생
각을 변화시켜야 한다. "너희는 이 세대를 본받지 말고 오
직 마음(mind)을 새롭게 함으로 변화를 받아 하나님의 선
하시고 기뻐하시고 온전하신 뜻이 무엇인지 분별하도록
하라"(롬 12:2).

4) 가슴의 변화

>

신성회의 마지막 치료 원리는 가슴(heart)의 변화이다.
가슴의 변화란 삶의 방향이 변화됨을 의미한다(한수환,
2020). 지금까지 육신의 욕심을 따라 살던 삶의 방향을 하

나님께로 돌리는 것을 말한다. 가슴이 변화되기 위하여 마음을 비워야 한다. 자기생각과 감정으로 가득해 있으면 방향을 바꾸지 못한다. 생각이 변화되어야 가슴으로 삶의 방향을 정할 수 있다. 가슴으로 삶의 방향을 정한다는 뜻은 마음을 비운다는 뜻이고 마음을 비워야 삶의 방향이 바뀌고 삶의 방향이 바뀌어야 하나님의 말씀을 나의 말씀으로 듣게 된다. 불만과 불안으로 마음이 가득해 있으면 말씀을 듣지 못한다.

또한 가슴의 변화를 위하여 변화를 입으로 선포해야 한다. "그러면 무엇을 말하느냐 말씀이 내게 가까워 네 입에 있으며 네 마음(heart)에 있다 하였으니 곧 우리가 전파하는 믿음의 말씀이라"(롬 10:8), "사람이 마음(heart)으로 믿어 의에 이르고 입으로 시인하여 구원에 이르느니라"(롬 10:10).

부정적인 감정이 해소되면 생각이 변화된다. 생각이 변화되면 가슴이 변화되어 삶의 방향을 바꾸어 마음을 비울 수 있다. 또한 변화된 가슴을 말로 선포하여야 삶의 방향이 바뀌게 된다. 삶의 방향이 바뀌면 자신의 욕심을 채우는 삶에서 하나님의 뜻을 이루는 삶으로 바뀌게 된다. 부정적인 감정의 변화는 생각을 변화시키고 생각이 변화되면 가슴이 변화되어 삶의 방향이 바뀌어 말씀이 자신의 이야기로 들리게 된다. 이는 영이 성장함을 말하며 영이 성장함으로 하나님 사랑과 이웃과의 사랑이 깊어진다.

5. 신성회 치료 사례

《책 읽기를 통한 치유》의 A와 B의 사례를 통하여 신성회 독서 상담의 치료 원리가 삶에 적용되는 과정을 알 수 있다.

A의 사례

> A 사례의 경우이다.

　　　　　　　　　　　　　-

나도 원래 책 읽기에 관심이 없는 사람이다. 어렸을 때는 만화책을 읽는 것이 고작이었고, 간호학교에 다닐 때에도 학과에 필요한 책들만 읽었을 뿐이다. 그런데 결혼을 계기로 책을 가까이하게 되었다. 책 읽기를 좋아했던 남편이 월급을 타면 의례적으로 서점에 들러 책을 몇 권씩 사 와서 무조건 읽으라고 한 탓이었다. 나는 직장도 다니지 않았고 남편은 매일 늦게 들어왔으며 아이도 없고 시부모님도 모시지 않았기 때문에 시간은 얼마든지 있었다. 그렇게 책을 읽다 보니 결혼한 지 3여 년이 지났을 무렵에는 거의 120권에 이르는 책을 읽을 수 있었다. 타의반 자의반 시작한 독서였지만 이렇게 많은 책을 읽은 가운데 나는 점차 책의 가치를 깨닫기 시작했다. 그 가치는 주로 남편과의 관계에서 나타났다. 사실 내가 책을 가정 문제 상담의 도구를 선택하게 된 것은 나 자신이 부부관계에서 그 유용성을 절감했기 때문이다.

남편은 교주를 따라다니느라 밤늦게나 새벽에 들어오기가 일쑤였고, 정에 굶주린 사람처럼 결혼 직후부터 밤낮으로 사람들을 집에 몰고 오는 일이 잦았다. 또 비싼 옷이나 넥타이, 구두를 사기를 좋아했다. 아침에는 밤에 이불을 제대로 덮어 주지 않아서 잠을 못 잤다는 트집으로 시작해서, 왜 쓰레기통이 꽉 차 있느냐, 왜 수건이 젖어 있느냐 하는 식으로 하루 종일 끊이지 않았다. 또 예측할 수 없는 화를 폭발시키는 바람에(예를 들면 아이들이 밥상에 밥풀을 흘린다고 소리소리 지르는 식으로) 나와 아이들은 항상 살얼음판을 걷는 듯한 불안한 마음으로 살아야 했다. 간호사 출신이었지만 이러한 남편의 증세가 병이라는 생각을 전혀 하지 못했다.

그즈음 나는 우울증과 협심증, 두통과 두드러기에 시달렸다. 남편과 갈등이 이런 물리적인 증상을 불러일으켰다는 사실을 안 것은 폴 투르니에의 《인간 치유의 심리학》이라는 책을 읽고 나서였다. 그 후로 나는 투르니에 책을 10여 권 정도 읽어 나가면서 수많은 질병이 인간관계의 갈등과 분노나 불안 등 정서적인 문제 때문에 생긴다는 것을 알게 되었다. 이런 문제들의 근원을 파헤쳐 보면 모든 사람의 삶이 재건될 수 있다는 믿음을 갖게 되었다. 인간의 심리가 얼마나 미묘한지 깨닫고 나는 남편의 '병'이 어떤 근원을 가지고 있는가에 관심을 가지기 시작했다.

A 사례를 보면 책 읽기를 통한 치료 원리를 알 수 있다. 먼저 책을 읽었고, 책을 읽으면서 자신을 돌아보게 되었고, 자신을 이해하면서 남편을 이해하게 되었고, 자신이 변화되면서 남편도 변화되었고 자신을 존중하게 되었다.

B의 사례

>

다음은 B 사례를 보자(편집자 주: 이 책의 1부 2장 사례1과 동일한 내용이나 이해를 위해 중복 수록하였다).

-

남편은 정신질환자였다. 계속 요양소와 병원을 드나드는 바람에 내가 작은 슈퍼마켓을 운영하면서 살림을 꾸려 나갔지만 그런대로 궁핍하지 않게 살 수 있었다. 그러나 문제는 이웃들의 편견이었고 그보다 더 괴로운 것은 가족들의 편견이었다. 결혼 10년째 되던 해 작은 동서의 가정이 경제 파탄의 위기에 몰렸는데 그때 시댁에서는 큰아들(나의 남편)의 재산을 다 그 집에 주어서 위기를 모면케 하자는 결정을 내렸다. 어차피 병든 자식은 돈이 있어도 자기 마음대로 쓸 수 없으니 제대로 살 수 있는 작은아들이나 살리게 큰아들은 요양소로, 며느리는 친정으로, 아이들은 고아원으로 보내자는 것이었다. 이렇게 간단히 정리할 수 있다고 생각하는 가정이 바로 우리 가정이었다. 그러나 나는 가족의 냉대와 협박에도 불구하고 이 제의를 완강히 거부했다. 남도 아니고 피붙이라는

사람들이 우리를 버리다니 나는 도저히 용서할 수
없었다. 그 고통스러운 때에 국민일보에서 신성회 기사를
보았다. 나는 단걸음에 달려갔다. 처음 읽은 책은 폴
투르니에의 《삶에는 뜻이 있다》와 휴 미실다인의 《몸에
밴 어린 시절》이었다. 이 책들은 병이 어느 날 갑자기
생기는 것이 아니라 긴 시간에 걸친 심리적 스트레스와
갈등으로 인해서 생긴다고 말하고 있었다. 또 사람을
사랑하려면 무엇보다 관심과 이해하는 마음이 있어야
한다고 했다.

나를 이해하면서 남편에게 관심을 갖기 시작했다.
사실 결혼할 때부터 그에게 정신적인 문제가 있다는 것을
알고 있었지만 적극적인 대화를 나누어 볼 생각은 하지
않았다. 그러나 그때부터는 "고마워요", "미안해요",
"정말 멋있네요", "괜찮아요"라는 말을 자꾸 하려고
애썼고, 남편이 정신질환자라고 남들한테 무시당하지
않도록 나부터 의도적으로 남편을 격려했다. 그리고
남편뿐 아니라 가게에 들르는 손님이나 행인들에게도
따뜻한 차 한 잔이라도 대접하고 친절하게 대했으며
필요한 이웃에게는 내가 읽은 책을 권하곤 했다. 내가
일단 남편을 받아들이기 시작하니 딸에게도 아빠를

받아들일 수 있도록 가르쳤다.

B의 책 읽기를 통한 치유 원리는 다음과 같다. 문제가 있어 신성회를 만나 책을 읽게 되었다. 책을 읽으면서 자신을 돌아보고 남편을 이해하게 되었다. 남편을 이해하면서 남편에 대한 아내의 태도가 변화되었고 이로 인하여 남편은 아내를 변화시킨 책에 관심을 두면서 책을 읽고 남편도 변화되었다.

A와 B에서 살펴본 신성회 치료 과정은 아래와 같다.

A 치료 과정	B 치료 과정
‣ 정서적 문제 ‣ 책을 읽음 ‣ 책으로 자신을 돌아봄: 아내는 남편과의 갈등이 우울증, 협심증, 두통과 두드러기를 일으킴 ‣ 책으로 남편을 이해: 남편의 증세는 병(부모 사랑의 결핍)이라는 것을 이해 ‣ 책으로 아내의 태도 변화 ‣ 아내의 태도가 변하자 남편이 변화 ‣ 남편의 변화로 아내 자신을 존중하게 됨	‣ 정서적 문제 ‣ 신성회를 만나 책을 읽음 ‣ 책으로 자신을 돌아봄 ‣ 책으로 남편을 이해 ‣ 남편과 적극적 대화 ‣ 남편을 수용하면서 딸이 아빠를 수용하도록 독려함 ‣ 남편도 《고통에는 뜻이 있다》라는 책을 읽으면서 변화 ‣ 남편이 변화되는 것을 보면서 아내도 자신을 치료하게 됨

6. 신성회 정신

정신은 영으로 설명된다(한수환, 2020). 정신이란 "육체나 물질에 대립되는 영혼이나 마음, 사물을 느끼고 생각하며 판단하는 능력 또는 그런 작용 혹은 마음의 자세나 태도, 사물의 근원적인 의의나 목적 또는 이념이나 사상, 말과 글"이다(Wikipedia). 신성회의 영에 해당하는 정신을 아래와 같이 기술할 수 있다.

첫째, 신성회는 사랑을 기초로 하는 독서 모임이다. 하나님 사랑과 서로를 향한 용서가 함께 있는 모임이다. 그 모임의 참여자들이 한 말과 함께 나눈 말과 글쓰기를 통하여 영적인 회복이 있다. 정신의 변화로 마음을 새롭게 한다.

둘째, 신성회는 지정의의 변화가 있는 모임이다. 지정의의 변화가 있으면 생각을 새롭게 한다. 생각을 새롭게 한다는 뜻은 동기를 새롭게 한다는 뜻이고 지정의를 새롭게 함을 말한다. 또한 독서의 스토리, 플롯과 결단으로 지정의를 새롭게 한다.

책의 스토리란 시간의 연속에 따라 정의된 사건의 서술이다. 책의 플롯이란 역시 사건의 서술이지만 인과관계를 강조하는 서술이다. 예를 들면 "왕이 죽자 왕비도 죽었다"는 스토리이지만 "왕이 죽자 슬픔에 못 이겨 왕비도 죽었다"는 플롯이다. 책의 스토리를 통하여 '지'가 변화하고 책의 플롯을 통하여 '의'가 변한다.

셋째, 신성회는 상호작용이 있는 모임이다. 신성회의 상호작용으로 삶의 관점이 변화되어 '의지'가 변화한다. '의지의 변화'란 자신을 이해하고 표현하고 바라보는 '관점의 변화'이다.

넷째, 신성회는 상처를 치료하는 모임이다. 상담을 모르면 마음의 상처를 치료하지 못한다. "라멕이 아내들에게 이르되 아다와 씰라여 내 목소리를 들으라 라멕의 아내들이여 내 말을 들으라 나의 상처로 말미암아 내가 사람을 죽였고 나의 상함으로 말미암아 소년을 죽였도다"(창 4:23). 라멕은 가인의 7대손이다. 라멕이 살인한 이유가 무엇인가? 라멕은 '나의 상처' 때문이라고 고백한다. 어떤 상처인가? 이는 가인이 아벨을 죽임으로 생긴 상처를 말한다. 가인으로부터 내려온 상처가 치유되어야 라멕의 상처가 치유된다. 가인으로부터 내려온 상처를 치유하기 위하여 어떻게 해야 하는가? 서로의 상처를 긍휼히 여기는 하나님 사랑이 있어야 한다.

신성회는 그리스도 중심의 모임이다. "하나님이 이르시되 빛이 있으라 하시니 빛이 있었고"(창 1:3). "빛이 있으라 하시니 빛이 있었고" 빛을 어떻게 창조하셨는가? 말씀으로 세상을 창조하셨다. "태초에 말씀이 계시니라 이 말씀이 하나님과 함께 계셨으니 이 말씀이 곧 하나님이시니라"(요 1:1). 말씀은 무엇을 말할까? 말씀은 예수 그리스도를 말한다.

예수 그리스도는 하나님이시고 하나님은 무엇이라고 말씀하시는가? "사랑하지 아니하는 자는 하나님을 알지 못하나니 이는 하나님은 사랑이심이라"(요일 4:8). 하나님 사랑을 경험해야 예수 그리스도를 알고, 예수 그리스도를 알아야 말씀을 알고 말씀을 깨달아야 하나님 사랑을 안다. 하나님 사랑으로 하는 말이 치유의 능력이고 창조의 능력이 된다. 신성회는 하나님 사랑을 기초로 하여 나누는 말과 서로를 수용하는 상담으로 정서적, 정신적 치유와 함께 영적인 성장을 정신으로 하는 모임이다.

7. 나가는 말

　오늘날 상담에서 뇌에 대한 연구와 중요성이 부각되고 있다. 뇌는 자극에 의해서 시냅스가 형성되고 뇌의 시냅스가 잘못되어 형성된 정신적 문제도 사랑의 관계를 기초로 한 상담으로 치료될 수 있다고 한다. 신경가소성의 원리로 뇌의 손상을 치료할 수 있다.

　신경가소성이란 자극이나 경험이 들어오면 뇌 연결부위인 시냅스가 늘어나고 자극이나 경험이 사라지면 시냅스가 사라진다(Siegel, 2019). 즉 생후 3년 동안 어떤 자극을 받고 어떤 경험을 하느냐에 따라 뇌의 기본이 형성된다. 신경가소성이란 뇌의 신경경로가 외부의 자극, 경험, 학습에 의해 구조 기능적으로 변화하고 재조직화되는 현상이다. 신경경로는 일생을 통해 끊임없이 변하며, 새로운 언어나 운동기능의 습득이 왕성한 유년기 때 사용되는 새로운 신경경로의 활동성이 최대치를 보인다. 한 개의 뇌세포는 수천

개의 다른 뇌세포와 연결되는데 뇌세포가 서로 연결되는 과정은 외부 자극에 반응하면서 진행된다. 이를 신경가소성이라고 한다.

뇌를 자극하는 가장 효과적이고 강한 자극은 무엇일까? 신성회 독서 모임과 같은 사랑으로 함께하는 모임이다. "한 사람이면 패하겠거니와 두 사람이면 맞설 수 있나니 세 겹줄은 쉽게 끊어지지 아니하느니라"(전 4:12). 함께하면 그 영향력은 배가 아니라 30배 60배 100배가 된다.

신성회와 같은 독서 모임에서 사랑을 서로 격려하고 수용해 주면 정신적 정서적 문제를 해결할 뿐만 아니라 손상된 뇌도 치유할 수 있다. "사랑 안에 두려움이 없고 온전한 사랑이 두려움을 내쫓나니 두려움에는 형벌이 있음이라 두려워하는 자는 사랑 안에서 온전히 이루지 못하였느니라"(요일 4:18). 사랑으로 온전해진다. 신성회의 정신은 사랑으로 함께하는 모임이다. 그러므로 천만 크리스천에게 영향을 줄 수 있고 상한 영혼을 치유할 수 있다.

8. 참고 문헌

‣ 김현희 외 11인, 《독서 치료》, 서울: 학지사 (2004).
‣ 신성회, 《사단법인 신성회 독서상담 교육원: 독서문화 보급현장 30년》, 경기도 안양: 신성회 (2020).
‣ 이민용, 《스토리텔링 치료》, 서울: 학지사 (2017).
‣ 이영애, 《책 읽기를 통한 치유》, 서울: 홍성사 (2000).
‣ 한수환, 《영적 존재에로의 인간학: 영의 발견》, 경기도 용인: 킹덤북스 (2020).
‣ Clandinin, D. J., Connelly, M. (2007), 소경희, 강현석, 조덕주, 박민정 역, 《내러티브 탐구》(*Narrative Inquiry: Experience and Story in Qualitative Research*), 서울: 교육과학사 (원본 발간일 2000년).
‣ Siegel, Daniel J, 이영호, 강민철 역, 《쉽게 쓴 대인관계 신경생물학 지침서: 마음에 대한 통합 안내서》(*Pocket Guide to Interpersonal Neurobiology: An integrative Handbook of Mind*), 서울: 학지사 (원본 발간일 2012년).
‣ Welch, Edward T. (2015), 김준 역, 《중독의 성경적 이해》(*Addictions: A Banquet in the Grave: Finding Hope in the Power of the Gospel*), 서울: 국제제자훈련원 (원본 발간일 2001년).
‣ Worthington, Everett L. (2003), 윤종석 역, 《용서와 화해》(*Forgiving*

and Reconciling: Bridges to Wholness and Hope), 서울: IVP
(원본 발간일 2003년).

‣ Cobin, J., & Strauss, A. (2014). *Basic of qualitative research;
Techniques and poredure for developing grounded theory,
4th ed.* Thousand Oaks, CA: Sage.

‣ Good, C. (1966). *Dictionary of education.* N. Y. : McGraw-Hill.

‣ Hynes, A. M., & Hynes-Berry, M. (1994). *Biblo/poetry
therapy - The interactive process: A Handbook.* MN:
North Star Press of St. Cloud.

책 읽기를 통한 치유

Healing through reading

지은이 이영애
펴낸곳 주식회사 홍성사
펴낸이 정애주
국효숙 김의연 김은숙 김준표 박혜란 손상범
송민규 오민택 임영주 차길환 허은

2000. 4. 20. 초판 발행   2011. 4. 11. 초판 23쇄 발행
2012. 3. 27. 개정판 발행   2019. 5. 15. 개정판 6쇄 발행
2022. 5. 19. 개정증보판 1쇄 인쇄   2022. 5. 25. 개정증보판 1쇄 발행

등록번호 제1-499호 1977. 8. 1.
주소 (04084) 서울시 마포구 양화진4길 3   전화 02) 333-5161   팩스 02) 333-5165
홈페이지 hongsungsa.com   이메일 hsbooks@hongsungsa.com
페이스북 facebook.com/hongsungsa
양화진책방 02) 333-5161

• 잘못된 책은 바꿔 드립니다.   • 책값은 뒤표지에 있습니다.

ISBN 978-89-365-1524-9 (03230)